Crypto-monnaies

Générer des revenus passifs avec le bitcoin et d'autres crypto-monnaies

Bonus : conseils aux débutants pour exploiter rapidement le bitcoin et les crypto-monnaies numériques.

Investir de manière intelligente

Résumé

Introduction 8

Que sont les crypto-monnaies ? 12

Le bitcoin est-il légal en 2021 ? 32

Qu'est-ce que le bitcoin : une introduction à la première crypto-monnaie 38

Un système de monnaie électronique de pair à pair 42

Processus de transaction Bitcoin 42

Présentation de la blockchain 43

La preuve de travail et le consensus de Nakamoto 44

Étapes de l›exploitation minière 45

L'anatomie d'une transaction en bitcoins 46

La politique monétaire du bitcoin 48

Caractéristiques uniques du bitcoin 51

Décentralisation 54

Immutabilité 57

Sécurité 58

Anonymat/semi-anonymat 60

Transparence 63

Vitesse 65

Acheter des bitcoins: une introduction étape par étape 68

Types de portefeuilles 69

Mobile 70

En ligne 71

Matériel informatique 71

Portefeuille en papier 71

Autres options 72

Où acheter des bitcoins 72

Bourses de crypto-monnaies 72

Fonds d'investissement 75

GAB Bitcoin 77

Cartes cadeaux 78

Comment vendre des bitcoins: comment retirer votre crypto-monnaie ? 80

Bourses de crypto-monnaies 81

Échange direct (de personne à personne) 84

Échange P2P en ligne 85

Transactions personnelles 85

GAB Bitcoin 87

Retrait d'argent 89

Comment négocier des crypto-monnaies 92

Créer une entreprise 95

Styles de négociation 97

Mouvement des prix à la hausse et à la baisse 98

Analyse technique 99

Structure et cycles du marché 99

Structure du marché 99

La chasse à la "baleine" 100

Cycles psychologiques 101

Psychologie d'un cycle de marché 101

Outils de base 102

Soutien et résistance 102

Niveaux de soutien et de résistance 103

Lignes de tendance 104

Chiffres ronds 105

Moyennes mobiles 105

La moyenne mobile 105

Motif du graphique 106

Graphique en chandelier 106

Analyse fondamentale 107

Développeur 108

Communauté 108

Spécifications techniques 109

Innovation 109

Liquidité 109

Image de marque et marketing 110

Hiérarchies 111

Analyse de la blockchain 111

Le commerce est risqué 112

La meilleure stratégie de trading du bitcoin pour les débutants 114

1 - Suivez l'actualité 115

2 - Soyez technique 116

3 - Reconnaître la divergence de l'argent intelligent 116

4 - Vous devez savoir quand conserver votre investissement 117

5 - Négocier en analyse technique 118

La meilleure stratégie de trading quotidien du Bitcoin 2021 119

Les moyens de gagner un revenu passif avec les crypto-monnaies 130

Qu'est-ce qu'un revenu passif ? 132

Options de revenus passifs pour les experts en technologie 138

Quels autres facteurs influencent les revenus passifs ? 145

Bonus: instructions pour les débutants pour générer des profits avec les crypto-monnaies. 146

Comment fonctionne l'exploitation minière: tout ce que vous devez savoir 156

Qu'est-ce que le Bitcoin Cash? Comment cela fonctionne-t-il? 168

Le bitcoin peut-il devenir un investissement pour un revenu passif? 184

Ce qu'il faut savoir avant d'investir 188

Conclusion 194

Retrouvez d'autres livres ici 198

Espace pour les notes personelles 200

Exclusions de responsabilité 204

Droits d'auteur 206

Notes légales 208

INTRODUCTION

CRYPTO-MONNAIES

INVESTIR DE MANIÈRE INTELLIGENTE

Savez-vous que le Bitcoin et l'Altcoin sont les plus grands actifs qui ont transformé de nombreux traders, investisseurs et autres personnes ordinaires en millionnaires ou même en milliardaires au cours de la dernière décennie ?

Vous souhaitez également plonger dans le monde amusant des crypto-monnaies ?

Si vous lisez cette introduction, vous vous demandez peut-être s'il est trop tard. Vous pourriez même regretter de ne pas l'avoir essayé lorsque vous en avez entendu parler pour la première fois il y a quelques années.

N'ayez pas peur ! Même si les crypto-monnaies ont le vent en poupe ces derniers temps, il n'est pas trop tard. Le fait est que nous en sommes encore aux premiers stades. En plus de cela, il semble que le prochain point culminant des crypto-monnaies soit juste au coin de la rue. La question est de savoir si vous êtes prêt à faire fortune.

Par où commencer et comment tirer le meilleur parti de cette opportunité ?

C'est pourquoi nous avons créé ce guide du débutant : pour vous aider à vous équiper des informations et des connaissances les plus récentes sur les crypto-monnaies.

Plus précisément, nous vous expliquerons comment gagner de l'argent avec les crypto-monnaies, que vous souhaitiez les utiliser pour réaliser des bénéfices ou disposer d'un revenu d'urgence.

Ce guide pratique vous fournit des informations et des instructions essentielles pour vous aider à faire fortune avec les crypto-monnaies, sur la base de recherches approfondies. Toutefois, il ne s'agit pas d'une simple présentation théorique : vous apprendrez des connaissances pratiques grâce à des exemples faciles à comprendre. Même si vous n'avez que peu ou pas de connaissances en matière de crypto-monnaies, vous gagnerez également en confiance dans ce domaine.

Le développement des crypto-monnaies arrive ! Ne laissez pas cette opportunité de gagner; cette richesse générationnelle ne pet pas rester cachée une nouvelle fois ! Il s'agit sans aucun doute d'un guide complet sur les crypto-monnaies, qui fournit aux lecteurs une préparation et des outils suffisants pour investir dans les crypto-monnaies.

Que sont les crypto-monnaies ?

Crypto-monnaies

Investir de manière intelligente

Les crypto-monnaies sont souvent appelées "monnaie numérique". Cette description est peut-être correcte, mais elle ne traduit pas le caractère unique que de nombreux investisseurs voient dans cette source de revenus.

Plus précisément, les crypto-monnaies sont un système de valeurs. Lorsque les investisseurs achètent une crypto-monnaie, ils espèrent que la valeur de cet actif augmentera à l'avenir, tout comme lorsque les investisseurs boursiers achètent des actions, en croyant que l'entreprise va se développer et que le prix des actions va augmenter.

Les évaluations des actions se résument à des estimations actualisées. Il n'existe aucune mesure d'évaluation comparable pour les crypto-monnaies, car il n'y a pas de société sous-jacente ; la valeur d'une crypto-monnaie n'est liée qu'à l'appétit de l'investisseur.

Les évaluations des crypto-monnaies dépendent de deux facteurs : la probabilité que d'autres investisseurs achètent l'actif ou l'utilité de la blockchain de la crypto-monnaie.

Comment ces facteurs fonctionnent-ils ?

Les crypto-monnaies fonctionnent grâce à la technologie blockchain, mais de quoi s'agit-il exactement ? Le terme "blockchain" est devenu si courant que sa signification est souvent confuse. Une blockchain est simplement un registre des transactions numériques. Ce grand livre (ou base de données) est distribué sur un réseau de systèmes informatiques. Il n'y a pas de système qui contrôle le grand livre, mais un réseau décentralisé d'ordinateurs qui maintient une chaîne de blocs et authentifie ses transactions.

Les partisans de la technologie blockchain affirment qu'elle peut améliorer la transparence, la confiance et la sécurité des données partagées sur un réseau. Les critiques disent que la blockchain peut être lourde, inefficace, coûteuse et consommer trop d'énergie.

Les investisseurs en crypto-monnaies achètent un actif numérique lorsqu'ils croient en la force et l'utilité de la blockchain sous-jacente. Toutes les crypto-monnaies fonctionnent sur la blockchain, ce qui signifie que les investisseurs en crypto-monnaies (qu'ils le sachent ou non) parient sur la résilience et l'attractivité de cette blockchain.

Les transactions en crypto-monnaies sont enregistrées de manière permanente sur la blockchain sous-jacente. Les lots de transactions sont ajoutés à la "chaîne" sous forme de "blocs" qui valident l'authenticité des transactions et assurent le fonctionnement du réseau. Tous les lots de transactions sont enregistrés dans le grand livre commun, qui est public. Tout le monde peut observer les transactions effectuées sur les principales blockchains, telles que Bitcoin (BTC) et Ethereum (ETH).

Pourquoi les gens font-ils confiance à la validation des transactions par la blockchain ?

La réponse est qu'ils sont récompensés par la crypto-monnaie sous-jacente. Ce système d'incitation est connu sous le nom de mécanisme de preuve de travail (PoW). Les ordinateurs qui travaillent pour "prouver" l'authenticité des transactions de la blockchain sont appelés mineurs. En échange de leur énergie, les mineurs reçoivent des ressources cryptographiques fraîchement frappées.

Les investisseurs en crypto-monnaies ne stockent pas leurs actifs sur des comptes bancaires traditionnels, mais possèdent des adresses numériques. Ces adresses sont équipées de clés privées et publiques - de longues chaînes de chiffres et de lettres - qui permettent aux utilisateurs d'envoyer et de recevoir des fonds. Les clés privées permettent de déverrouiller et d'envoyer des crypto-monnaies. Les clés publiques sont accessibles au public et permettent à leur détenteur de recevoir des crypto-monnaies de n'importe quel expéditeur.

On peut dire que le bitcoin a changé le paradigme et créé une toute nouvelle technologie, une nouvelle plate-forme d'investissement et une nouvelle façon de penser l'argent.

Les crypto-monnaies ont commencé comme un mouvement populaire avec une éthique anti-établissement, mais aujourd'hui les entreprises et les institutions financières se tournent vers les crypto-monnaies pour perturber les anciennes façons de gagner de l'argent et diversifier les portefeuilles d'investissement. Alors que les innovations continuent de remodeler le secteur des crypto-monnaies, y compris de nouveaux projets passionnants tels que la finance décentralisée (" DeFi "), l'importance des crypto-monnaies continuera d'évoluer.

Histoire

Un novice en matière de crypto-monnaies pourrait croire que ces dernières ont vu le jour du jour au lendemain, alors qu'en réalité, il existe une histoire importante. Le développement de l'internet a permis de transférer des informations et des données plus rapidement qu'auparavant. Le courrier électronique a rendu le courrier physique numérique, ouvrant la voie à des interactions numériques et à des transferts de documents en quelques secondes. Les crypto-monnaies sont un concept similaire ; elles sont toutes liées à la valeur et à l'argent.

La banque en ligne, les passerelles de paiement et les cartes de crédit fonctionnent à une vitesse remarquable dans le monde numérique. Toutefois, ces options font souvent intervenir des tiers, peuvent être censurées et doivent parfois être ajustées en amont les jours de semaine, en fonction des banques concernées.

Les efforts pour trouver des solutions de monnaie en ligne sont apparus avant 2000, mais la première crypto-monnaie moderne à être acceptée et viable n'est apparue qu'en 2008. Le créateur Satoshi Nakamoto a publié le livre blanc du Bitcoin (BTC) en 2008.

Qu'est-ce que cela signifie ? Le bitcoin a résolu le problème des utilisateurs dépensant le même actif plus d'une fois, connu sous le nom de double dépense. Le bitcoin a été développé à l'aide de la technologie blockchain et est géré par de nombreux ordinateurs dans le monde qui vérifient collectivement les transactions et protègent le réseau contre le piratage, car il n'y a pas toujours un seul point de défaillance.

Le bitcoin a lancé son réseau de blockchain en 2009. Depuis, d'autres personnes et entreprises ont créé de nombreuses ressources cryptographiques supplémentaires, dont certaines se positionnent comme des ressources plus rapides ou plus privées. D'autres blockchains, comme Ethereum, ont également été créées pour fournir une plate-forme permettant de gagner de l'argent sur diverses ressources et solutions supplémentaires.

Au fil des ans, la crypto-monnaie Bitcoin, sa ressource pionnière, est devenue une industrie avec de nombreuses blockchains, solutions et ressources. Des sous-catégories se sont également formées au sein du secteur, comme la niche financière décentralisée. DeFi s'efforce de fournir aux gens des versions des mêmes instruments financiers auxquels ils sont habitués, mais avec l'avantage supplémentaire de ne pas avoir de tiers de confiance. Cela inclut les prêts.

Que pouvez-vous faire avec les crypto-monnaies ?

Avec les crypto-monnaies, vous pouvez réaliser diverses activités, en fonction de celle avec laquelle vous choisissez de travailler. Au niveau le plus élémentaire, la définition d'un actif en crypto-monnaie est qu'il peut être utilisé pour envoyer de la valeur d'une personne à une autre ou pour payer des biens et des services.

Chaque actif a une valeur, souvent exprimée en dollars américains, ce qui conduit à un cas d'utilisation différent : le commerce et l'investissement. Hormis les stablecoins, qui tentent de stabiliser l'instabilité des crypto-monnaies en rattachant un actif à quelque chose d'autre, comme le dollar américain, la plupart des crypto-monnaies voient leur prix fluctuer constamment. Vous pouvez échanger entre les crypto-monnaies et les monnaies nationales (dites monnaies fiduciaires) sur les bourses, en fonction des paires de négociation disponibles sur la plate-forme de votre choix.

Si vous êtes un commerçant, vous pouvez également accepter les actifs numériques comme paiement, soit directement, soit par l'intermédiaire d'un processeur ou d'un service de paiement, ce qui est plus pratique et offre des fonctionnalités supplémentaires. Certains services offrent la possibilité de convertir automatiquement les crypto-monnaies payées en espèces sur le backend, tandis que certaines entreprises proposent également des cartes de débit cryptographiques pour le rechargement qui ne se distinguent pas des autres cartes en plastique pour payer des biens ou des services.

Vous pouvez également miner des crypto-monnaies. Le minage utilise votre ordinateur ou du matériel dédié pour faire fonctionner des réseaux qui supportent des ressources cryptographiques. En exécutant automatiquement et en permanence une fonction sur votre ordinateur ou votre matériel après sa configuration, le minage génère des revenus et contribue à valider les transactions exécutées sur la blockchain, en fonction de la puissance de calcul fournie.

Les gens peuvent également emprunter des actifs cryptographiques sur diverses plate-formes et gagner des intérêts sur les actifs empruntés. Cette niche dans l'espace des crypto-monnaies est connue sous le nom de financement décentralisé ou DeFi. Basées sur la technologie du grand livre distribué, diverses plate-formes facilitent le prêt de crypto-monnaies sans que l'utilisateur n'ait à se soumettre au contrôle d'une autorité.

DeFi comprend également d'autres aspects tels que les échanges décentralisés ou DEX.

Qui a influencé les crypto-monnaies dans le passé ?

Un certain nombre de personnes ont eu un impact important sur l'industrie des crypto-monnaies. Nakamoto a donné un coup de fouet au secteur avec la création du bitcoin. Vitalik Buterin, surtout connu pour avoir créé Ethereum, a également eu un impact important sur le mouvement des crypto-monnaies. Avec Ethereum est apparu tout un monde de jetons supplémentaires construits sur son réseau, appelés jetons ERC-20. De nombreuses ICO ont construit leurs offres sur Ethereum pendant le boom de 2017.

Jed McCaleb, en fondant Mt. Gox, a contribué à étendre la notoriété du bitcoin ; Mt. Gox est un lieu où les échanges de bitcoins ont souvent eu lieu (malgré sa fonction initiale qui était de servir de jeu de rôle). Cependant, il est devenu notoire lorsque la plate-forme s'est effondrée en 2014.

Changpeng Zhao a augmenté la disponibilité des ressources cryptographiques, devenant l'un des fondateurs de Binance, l'une des plus grandes bourses de crypto-monnaies. Le co-créateur de la plate-forme de négociation d'actifs numériques FTX, Sam Bankman-Fried, est une autre figure importante du secteur, qui a eu un impact majeur sur la négociation, le DeFi et d'autres aspects.

Combien de types de crypto-monnaies existent ?

Bien que l'espace des crypto-monnaies n'ait commencé qu'avec le bitcoin, le secteur a depuis évolué vers une myriade d'autres ressources, projets, activités et concepts. Au fil des ans, différentes catégories ont vu le jour.

Le bitcoin a été introduit plus comme une monnaie, comme mentionné dans son livre blanc original. Cependant, la monnaie a davantage une fonction de réserve de valeur, comme l›or.

D'autres ressources cryptographiques se positionnent davantage comme des ressources transactionnelles qui permettent des paiements et des transferts rapides basés sur la technologie blockchain. Les jetons utilitaires constituent une autre faction de l'espace cryptographique. Les jetons utilitaires jouent chacun un rôle dans un projet plus vaste et ont une fonction dans un écosystème visant une solution particulière.

Les Stablecoins lient leur valeur à diverses monnaies nationales ou à des actifs tels que l'or. Les stablecoins sont pour la plupart arrimés un à un au dollar américain et permettent aux utilisateurs de vendre un actif qui a la même valeur qu'une monnaie nationale, mais qui peut toujours être échangé et stocké au sein de l'écosystème de la même manière que les crypto-monnaies.

Les jetons non fongibles, ou NFT, sont un autre type de crypto-monnaie. Les NFT sont généralement uniques en termes de valeur et de similarité, tandis que les autres crypto-actifs peuvent être échangés entre eux avec d'autres du même type. Par exemple, vous pouvez échanger 1 BTC contre 1 BTC, bien que dans de nombreux cas cela n'ait pas de sens. Les œuvres d'art numériques sont un exemple d'un type de NFT.

Avant d'interagir avec une ressource donnée, en fonction de vos objectifs, il peut être important de vérifier le type et la fonction de cette ressource. Tous les actifs numériques ne sont pas créés à des fins d'investissement.

Comparaison des crypto-monnaies 2021 : les pièces que vous devez connaître

Jetez un coup d'œil à cette comparaison des crypto-monnaies populaires pour mieux comprendre leur fonctionnement et savoir lesquelles pourraient vous convenir.

Comparaison des crypto-monnaies

L'une des tendances financières les plus en vogue en 2021 est celle des crypto-monnaies. Les gens cherchent des moyens faciles d'apprendre à acheter du bitcoin et d'autres crypto-monnaies.

Si vous vous intéressez aux monnaies numériques et souhaitez aller au-delà des bitcoins, il existe un certain nombre d'autres pièces que vous pourriez envisager. Jetons un coup d'œil aux différentes crypto-monnaies afin que vous puissiez vous faire une idée de ce qui est populaire, des raisons pour lesquelles les gens s'y intéressent et de celles qui pourraient vous convenir le mieux.

Bitcoin

Fonctionnement : le bitcoin (BTC) est la première crypto-monnaie. Le protocole du bitcoin est basé sur un livre blanc anonyme écrit sous le pseudonyme de Satoshi Nakamoto.

L'idée est que les transactions peuvent avoir lieu sur un réseau cryptographique et que les membres du réseau fournissent leur puissance de calcul pour faire fonctionner le réseau. En soutenant le fonctionnement du réseau, les personnes concernées sont récompensées par leurs propres jetons, les „bitcoins". L'offre devrait être limitée à 21 millions de pièces.

Bien que le bitcoin ait été conçu à l'origine comme une méthode permettant d'envoyer des paiements facilement et à moindre coût, des problèmes d'évolutivité se posent. Dernièrement, le bitcoin a été pris pour cible en raison de l'énorme quantité d'énergie qu'il utilise.

Idéal pour : ceux qui pensent que le bitcoin peut être une réserve de valeur. On l'appelle souvent l'or numérique.

Bitcoin-Cash

Fonctionnement : Bitcoin Cash (BCH) est un hard fork de la blockchain Bitcoin. Les développeurs qui estimaient que le bitcoin était trop volumineux pour les transactions en espèces de pair à pair, comme prévu à l'origine, ont créé des tailles de blocs plus importantes. Cela rend Bitcoin Cash plus rapide et moins cher que Bitcoin.

Bitcoin Cash lui-même, cependant, a développé des forks. Bitcoin Cash ABC et Bitcoin SV sont des sous-catégories de Bitcoin Cash. Bitcoin, Bitcoin Cash limite l'offre à 21 millions de pièces, dont la plupart ont déjà été minées.

Idéal pour : ceux qui recherchent une alternative abordable au Bitcoin ou qui souhaitent utiliser les paiements de pair à pair.

Cardano

Comment ça marche : Cardano (ADA) a été créé par des personnes qui ont participé au développement d'Ethereum. Il est parfois appelé le "tueur d'Ethereum" en raison de sa capacité à exécuter des contrats intelligents. Il est basé sur des principes mathématiques et une architecture multicouche.

Cardano a pour priorité de construire sa blockchain de manière conforme afin de s'assurer qu'elle s'intègre dans le cadre financier mondial.

Idéal pour : ceux qui s'intéressent aux contrats intelligents et pensent que Cardano peut fournir des transactions rapides.

Dash

Comment ça marche : Dash (DASH) a été créé comme un dérivé de Litecoin, lui-même basé sur le protocole Bitcoin. Initialement connu sous le nom de Xcoin puis de Darkcoin, le jeton a été baptisé Dash en 2015.

Dash utilise des nœuds qui agissent comme des serveurs et peuvent permettre des transactions instantanées et même favoriser la confidentialité. Une autre caractéristique unique de Dash est qu'il a la capacité de s'autofinancer et de permettre l'autogestion. En effet, une partie des traits minés est reversée à la blockchain pour la maintenir financée.

Idéal pour : ceux qui veulent une méthode d'envoi d'argent rapide et de pair à pair.

Dogecoin

Comment ça marche : Dogecoin (DOGE) est né d'une blague de Billy Markus, programmeur chez IBM, et de Jackson Palmer, employé chez Adobe, car il existe un mème populaire en 2013, "doge", qui est basé sur la photographie d'un chien Shiba Inu.

La blockchain sous-jacente a cependant du potentiel, et la pièce a reçu beaucoup d'attention après qu'Elon Musk ait tweeté à son sujet. Le dogecoin a fait preuve d'une extrême volatilité et des inquiétudes ont été exprimées quant à la manipulation des prix sur la base de tweets célèbres.

Idéal pour : les spéculateurs qui pensent que l'implication d'Elon Musk pourrait signifier un enrichissement pour la blockchain.

Éthereum

Comment ça marche : bien que l'Ethereum (ETH) ait été proposé en 2013, il n'est arrivé sur le marché qu'en 2015. L'idée de départ a été suggérée par Vitalik Buterin, un développeur âgé de 19 ans à l'époque.

Cette blockchain offre un moyen d'exécuter des contrats intelligents. Il a également été le lieu de nombreuses offres initiales de pièces de monnaie, ou ICO, pour de nouvelles monnaies qui mettent des fonds sur le marché. Ethereum est également populaire auprès des développeurs d'applications qui souhaitent créer leurs propres applications sur la blockchain. C'est l'une des plate-formes les plus populaires pour les jetons non fongibles (NFT).

Idéal pour : ceux qui veulent une réserve de valeur pour l'avenir, mais qui croient aussi à la blockchain avec une variété de cas d'utilisation.

Litecoin

Fonctionnement : Le Litecoin (LTC) a été fondé par Charlie Lee, un utilisateur précoce du bitcoin qui a reconnu certains des problèmes de vitesse et d'évolutivité de cette crypto-monnaie. Le Litecoin est conçu pour des transactions plus rapides et moins chères.

Le Litecoin dispose d'une technologie qui vous permet d'échanger le Litecoin avec d'autres crypto-monnaies sans avoir à procéder à un échange. Le Litecoin est parfois considéré comme "l'argent et l'or du Bitcoin".

Idéal pour : ceux qui veulent des transactions plus rapides ou qui pensent que le Litecoin peut être une boutique de valeur moins chère que le Bitcoin.

Monero

Fonctionnement : Monero (XMR) se caractérise par sa volonté de rendre intraçable l'envoi de jetons d'un portefeuille à un autre. Bien que l'achat de Monero soit enregistré sur une bourse, une fois que vous commencez à utiliser la pièce dans le système Monero, vos transactions seront obscurcies.

Comme les autres crypto-monnaies basées sur la blockchain, Monero utilise des puzzles basés sur la cryptographie pour gérer et valider les transactions.

Idéal pour : les personnes intéressées par une confidentialité totale dans leurs transactions en crypto-monnaies.

Ripple

Fonctionnement : les racines de Ripple (XRP) ont été „plantées" en 2004. Cependant, il est important de noter que Ripple est une entreprise et que celle-ci est différente de la blockchain qui a été développée et de la monnaie contenue dans cette blockchain. Au départ, Ripple était une société de paiement qui cherchait à rationaliser le processus.

Après l'essor de la technologie blockchain, Ripple a créé sa propre plate-forme et sa propre monnaie. Cependant, l'un des problèmes actuels est que la société est confrontée à des problèmes de réglementation et, pour le moment, vous ne pouvez pas facilement acheter ou échanger sur Coinbase.

Idéal pour : ceux qui croient que Ripple peut remodeler les systèmes de paiement et qui pensent qu'il résoudra ses problèmes de réglementation.

Stellar

Comment ça marche : Stellar (XLM) est une plate-forme blockchain alimentée par son jeton natif, Lumen. Cependant, Stellar est conçu pour faciliter et accélérer la gestion des transactions financières dans le monde entier.

Le réseau Stellar permet de réaliser des transactions après que de l'argent, y compris des monnaies légales comme le dollar américain, a été converti en une représentation numérique tokenisée et envoyé à d'autres personnes. En fait, vous créez votre propre monnaie et l'utilisez pour représenter l'argent dont vous disposez réellement.

Idéal pour : ceux qui veulent des transactions transfrontalières rapides et bon marché avec des représentations numériques de l'argent préexistant.

Comment acheter ces crypto-monnaies

Si vous apprenez à acheter des crypto-monnaies ou si vous êtes intéressé par leur négociation, la première chose à faire est d'apprendre à les négocier. La plupart des bourses vous permettent d'acheter par virement bancaire ou même par carte de débit ou de crédit. Parmi les sites d'échange les plus populaires figurent Binance et Coinbase.

Toutefois, avant de vous inscrire, vous devez toujours vérifier que le jeton que vous souhaitez est disponible sur ce site particulier. Par exemple, Coinbase a supprimé la possibilité d'acheter directement du Ripple. En outre, tous les sites d'échange ne proposent pas tous les types de crypto-monnaies.

Vous pouvez également acheter des crypto-monnaies directement auprès d'autres personnes par le biais d'un échange de pair à pair. Cependant, vous aurez besoin d'un portefeuille numérique qui prend en charge cette monnaie. Les portefeuilles ont leurs propres adresses, il est donc important que vous connaissiez votre adresse personnelle afin de pouvoir recevoir les crypto-monnaies après l'achat. Assurez-vous que votre portefeuille est compatible avec ce que vous avez l'intention d'acheter.

Certaines des meilleures applications d'investissement offrent un aperçu simple des crypto-monnaies.

Si vous ne savez pas par où commencer, notre liste des meilleurs sites d'échange peut vous aider à en trouver un qui vous convienne, notamment ceux qui proposent des services de porte-monnaie et des frais de transaction peu élevés.

Il existe de nombreuses crypto-monnaies populaires et, selon le site de suivi des prix CoinMarketCap, la capitalisation boursière (ou valeur totale du marché en dollars) des crypto-monnaies mondiales au 17 août 2021 est d'environ 1,99 trillion de dollars. Le bitcoin est peut-être populaire, mais il existe de nombreux altcoins et d'autres monnaies numériques qui deviennent de plus en plus courants.

Réfléchissez soigneusement à la manière dont vous comptez utiliser les crypto-monnaies et à ce que vous pensez que l'avenir vous réserve avant de décider d'investir de l'argent dans des actifs numériques. Les crypto-monnaies ont un prix volatil, présentent des obstacles techniques en matière de liquidité et rien ne garantit que l'une l'emportera sur l'autre.

Le bitcoin est-il légal en 2021 ?

Crypto-monnaies

Investir de manière intelligente

La légalité du bitcoin a toujours été un sujet de controverse. Comment un gouvernement aborde-t-il une ressource numérique mondiale décentralisée qui ne doit pas être contrôlée par un parti ou une organisation ? S'agit-il d'une nouvelle forme de monnaie, résistante à la censure et axée sur la communauté ?

Le gouvernement américain a eu du mal à réglementer le bitcoin (BTC) et pas seulement pour les raisons énumérées ci-dessus. La première crypto-monnaie au monde va au-delà des investissements traditionnels tels que le minage et le commerce. Chaque entreprise a ses propres règles. La plupart d'entre elles auront du mal à comprendre comment fonctionne le bitcoin, comment il est réglementé et comment les bénéfices peuvent être imposés. Cette lutte gouvernementale s'étend à toutes les parties du secteur des crypto-monnaies.

Par exemple, les parties légales ne peuvent pas permettre à des personnes non autorisées de manipuler des crypto-monnaies de la même manière qu'elles ne peuvent pas permettre à quiconque de manipuler des monnaies légales traditionnelles. Les régulateurs veulent établir de nouvelles lignes directrices pour les entreprises qui proposent la garde de crypto-monnaies ou qui gèrent d'une autre manière des actifs numériques. Cette tâche devient encore plus compliquée, car certains actifs sont considérés comme des titres, tandis que d'autres sont considérés comme des biens. Il existe également des produits dérivés et d'autres aspects du processus d'investissement.

Le bénéfice doit-il être imposé différemment d'un bénéfice d'investissement provenant du commerce de crypto-monnaies ? Où se situe la fourche dure ? Les gouvernements autorisent-ils les bénéfices miniers, comment sont-ils taxés et comment le processus est-il contrôlé ?

Les réglementations peuvent varier en fonction de la manière dont l'exploitation minière fonctionne pour chaque réseau et selon qu'une entreprise exploite des mines pour des raisons personnelles ou professionnelles, notamment en termes de revenus annuels. Certaines entreprises pourraient même rémunérer leurs employés à partir des revenus miniers, ce qui nécessiterait des directives différentes en matière de réglementation.

Il y a tellement de types de revenus dans les crypto-monnaies, dont la plupart ne sont pas compris par le citoyen traditionnel. D'une certaine manière, la technologie évolue plus vite que la compréhension traditionnelle des crypto-monnaies et les réglementations gouvernementales prennent du temps pour la comprendre et la matérialiser.

Enfin, les aspects de la mondialisation et de la liberté de circulation doivent également être pris en compte. Les citoyens peuvent détenir et gagner des crypto-monnaies partout dans le monde, mais qu'en est-il des gouvernements ? Pas étonnant que la réglementation prenne du temps.

Allemagne

En 2021, l'autorité fédérale de surveillance financière (BaFin) a accordé à Coinbase une licence officielle, nécessaire pour continuer à servir les clients dans le pays. Coinbase est le premier groupe lié aux crypto-monnaies à recevoir cette licence, une exigence qui est entrée en vigueur en novembre 2019. La BaFin prévoit d'accorder la licence à de nombreux autres groupes.

Italie

Un document de la Banque d'Italie daté de janvier 2015 indique : " En Italie, l'achat, l'utilisation et l'acceptation en paiement de monnaies virtuelles doivent être considérés comme des activités licites ; les parties sont libres de s'obliger à payer des sommes, même si elles ne sont pas exprimées en monnaie légale. L'attention est toutefois attirée sur le fait que les activités d'émission de monnaie virtuelle et de gestion des schémas opérationnels correspondants pourraient, au contraire, constituer, dans le système national, la violation de dispositions normatives qui réservent l'exercice de l'activité correspondante aux seuls sujets légitimes". Cela implique la possibilité d'utiliser des bitcoins, sans pour autant enfreindre la loi. Si vous êtes motivé pour vous lancer dans cette nouvelle sphère, l'idéal serait de contacter un expert en la matière.

Qu'est-ce que le bitcoin : une introduction à la première crypto-monnaie

Crypto-monnaies

Investir de manière intelligente

Le concept de Bitcoin est apparu pour la première fois en 2008 dans un livre blanc rédigé par une entité pseudonyme. En 2009, le bitcoin (BTC) a été publié pour la première fois sur Internet. Cette ressource a plutôt fait office de monnaie et, au fil des ans, sa popularité et son utilisation ont augmenté.

Bien qu'il ne valait pratiquement rien en dollars américains, le prix du bitcoin a augmenté au fil du temps, pour atteindre finalement une valeur de plus de 50 000 dollars par pièce. Aujourd'hui, l'actif est souvent considéré dans le secteur des crypto-monnaies comme un véhicule pour détenir de la richesse, plutôt que comme une monnaie.

Le bitcoin fonctionne sur sa propre blockchain. Lorsque l'on décrit le fonctionnement du réseau Bitcoin, il est important de noter que le système a été créé pour répondre à un ensemble très spécifique de problèmes liés au rôle de la confiance dans le commerce en ligne. Avant d'entrer dans les détails du fonctionnement du bitcoin, il faut d'abord comprendre ce qui semble être un sujet quelque peu capiteux : la comptabilité.

L'émergence du commerce dans la société s'est accompagnée du défi de maintenir la confiance entre les acheteurs et les vendeurs. Comment Marie fait-elle confiance à Jean pour mener à bien une transaction convenue ? La réponse de base est un grand livre, un document qui enregistre les transactions entre différentes parties afin qu'elles puissent maintenir un statut commercial : qui a combien et quand ?

Pendant de nombreuses années, la comptabilité individuelle était la norme. Chaque individu ou famille tient son propre livre de crédits et de débits. Ce système a été très sujet aux erreurs ou à la fraude, puisque la responsabilité de la tenue des livres incombe à chaque personne et que les gens sont faillibles.

La comptabilité en partie double est une innovation de la puissante famille Médicis à Florence au XIVe siècle. Dans un système en partie double, les personnes partagent une méthode commune d'enregistrement et de contrôle de leurs débits et crédits à tout moment.

La comptabilité en partie double concerne les deux champs enregistrés pour chaque élément : ce qui appartient (actif) et ce qui est dû (passif). Comme chaque colonne de ce bilan doit toujours être la même, les contreparties peuvent examiner le système et détecter les écarts dus à de simples erreurs ou même à des fraudes.

À l›ère actuelle de la banque électronique, la double saisie est devenue la norme dans les banques et les prestataires de services de paiement, car ils fournissent l›infrastructure commune permettant aux contreparties de faire des affaires entre elles. Une autorité centrale empêche également la double dépense (dépenser le même argent dans deux cas différents) car elle peut inverser les paiements en cas de litige.

Au début des années 2000, le cryptographe financier Ian Grigg a proposé le concept de triple comptabilité comme solution pour sécuriser les échanges numériques et l'émission de nouveaux actifs numériques tels que l'argent, les actions, les obligations, etc.

Dans ce contexte, il y aurait un mécanisme neutre partagé par Marie et Jean qui signerait et enregistrerait également numériquement leurs transactions et créerait une chaîne de données de transaction vérifiables autour d'un contrat particulier. En effet, un actif numérique serait une preuve cryptographique qui fait référence à une chaîne accumulée de signatures numériques. Cela ne vous semble-t-il pas familier ?

Ce cadre a permis de résoudre un problème de longue date partagé par les efforts précédents en matière de monnaie numérique, car il s'appuyait sur des tiers de confiance pour gérer le système. Une autorité centrale peut lutter efficacement contre les doubles dépenses, mais il y a toujours un point d'erreur : l'autorité centrale.

Un système de monnaie électronique de pair à pair

Le bitcoin est essentiellement un système cryptographique à clé publique autonome qui facilite l'échange de valeurs numériques entre deux parties par le biais d'une série de transactions signées numériquement. Le processus de base d'une transaction Bitcoin est identique à une séquence de messages chiffrés que l'on peut trouver dans un schéma cryptographique avec des clés publiques et des signatures numériques. Comme l'indique Satoshi Nakamoto, le créateur du bitcoin, dans son livre blanc, "une monnaie électronique est une chaîne de signatures numériques".

Processus de transaction Bitcoin

Il s'agit du moyen de base pour émettre une monnaie numérique, qui a été utilisé dans de nombreuses expériences sous une variante ou une autre depuis les années 1980.

Rappelez-vous : le principal échec de ces premiers systèmes de monnaie numérique était de s'appuyer sur des tiers de confiance au sein du système pour gérer la monnaie centrale et empêcher les doubles dépenses. Pour créer un véritable système de transaction de pair à pair (ou P2P), Satoshi devait trouver un moyen de résoudre le problème de la double dépense sans faire appel à des autorités de confiance gérant des serveurs centralisés. Et c'est là que les choses deviennent intéressantes...

Présentation de la blockchain

Satoshi a réalisé que pour qu'un système de transaction P2P fonctionne, toutes les transactions doivent être vérifiables publiquement via une base de données partagée ou un grand livre contenant l'historique de toutes les transactions précédentes.

La solution de Satoshi : un "serveur d'horodatage" P2P distribué et partagé sur le réseau. Ce serveur d'horodatage fonctionne en hachant continuellement des blocs d'informations (messages, transactions, etc.) qui sont horodatés et publiés largement sur le réseau. Chaque horodatage d'un bloc fait référence au hachage du bloc précédent, créant ainsi une chaîne de données sûre, d'un point de vue cryptographique, et vérifiable, qui est plus sûre avec chaque bloc successif. Ce serveur d'horodatage distribué décrit par Satoshi est connu sous le nom de "blockchain".

Traditionnellement, le serveur est un système centralisé géré par une autorité de confiance, sous la forme d'une banque ou d'une autre entreprise. Même si une entreprise utilise la meilleure et la plus sûre des technologies disponibles, il existe toujours un risque de fraude interne. Alors comment protéger un serveur d'horodatage distribué sur un réseau de pairs ? C'est là que l'innovation de Satoshi entre en jeu.

La preuve de travail et le consensus de Nakamoto

Pour que ce système de transaction P2P reste protégé des attaques malveillantes et des dysfonctionnements, il faut une méthode pour se défendre contre les attaques Sybil (lorsqu'une unité fabrique de nombreuses identités pour compromettre un réseau) et garantir le consensus. Pour atténuer ces risques, Satoshi a mis en place un système de preuve de travail, ou PoW, inspiré du Hashcash d'Adam Back, qui était également utilisé dans les prédécesseurs du Bitcoin, B-Money et Bit Gold, mais avec des différences importantes.

Ce processus, au cours duquel le réseau valide en permanence les transactions transmises et les enregistre sous forme de "blocs" de données de transaction dans le registre distribué, crée un historique des transactions sécurisé d'un point de vue cryptographique et vérifiable dans le temps : c'est ce qu'on appelle le minage.

C'est là que la conception du bitcoin diffère des itérations précédentes de la monnaie numérique. Alors que les anciens jetons de preuve de travail étaient émis et évalués en fonction du travail effectué pour les produire ou d'un autre ensemble de règles, le protocole Bitcoin récompense les "mineurs" qui effectuent une preuve de travail avec une quantité prédéterminée de bitcoins à des intervalles prédéterminés. Il en résulte une menthe autonome et automatisée dont la valeur est inhérente au système plutôt que liée à une autre mesure ou ressource.

Étapes de l›exploitation minière

Le temps, l'énergie et les ressources consacrés à la protection du réseau et à la validation des transactions sont récompensés par la monnaie de registre et les frais de transaction encourus, ce qui constitue une incitation économique pour les investisseurs à rester actifs, même si certains groupes peuvent être majoritaires et donc capables de compromettre l'ensemble du réseau.

Satoshi a utilisé l'algorithme de preuve de travail non seulement comme mécanisme d'émission d'une monnaie, mais aussi comme mécanisme de consensus, car la plus longue chaîne de blocs confirmés est toujours le leader. Ce consensus est depuis connu sous le nom de consensus de Nakamoto.

C'est le flux complet du processus pour le réseau Bitcoin. Hormis le scénario hautement improbable d'un effort généralisé et coordonné à l'échelle mondiale pour fermer et/ou saisir chaque nœud dans le monde, ce processus se poursuivra pendant des années.

L'anatomie d'une transaction en bitcoins

“Qu’est-ce qu’un bitcoin ?” Cette question semble assez simple compte tenu de ce qui a été abordé jusqu’à présent, mais elle n’est pas si évidente. Quel est cet actif que nous échangeons par le biais d’un réseau financier P2P mondial ? Que signifie ce chiffre lorsque vous regardez le solde d’un portefeuille numérique ?

Comme nous l’avons découvert, le moyen par lequel le réseau Bitcoin facilite le transfert de valeur n’est pas aussi simple que l’envoi d’une transaction unique sur un compteur avec un serveur central mettant à jour les soldes respectifs. Si vous regardez attentivement, vous pouvez voir ce qu’est réellement le Bitcoin...

La valeur totale du bitcoin visible à l’adresse de la clé publique ou dans le portefeuille est en fait constituée de plusieurs sorties de transactions non dépensées ou UTXO de transactions précédentes qui ont été reçues dans le passé et pourraient être dépensées dans le futur. Cela rappelle la définition de base d’une monnaie électronique donnée par Satoshi : il s’agit d’une “chaîne de signatures numériques”. La quantité de bitcoins visibles et accessibles à une adresse donnée est la somme de la valeur combinée de plusieurs chaînes de propriété mises en œuvre par des transactions signées numériquement.

Les UTXO peuvent être comparés à de l'argent de poche, avec différentes unités de valeur - dollars, centimes, pièces de 5 cents et ainsi de suite - englobant le tout. De même, lors d'une transaction Bitcoin, ces sorties deviennent les entrées d'une nouvelle transaction signée par l'expéditeur. Jusqu'à ce que la transaction soit confirmée, l'expéditeur reçoit de la "monnaie" sous forme d'UTXO supplémentaires pour régler le solde (moins les frais de transaction, qui encouragent les investisseurs à valider la transaction dans le bloc suivant). Hormis les frais de réseau et l'absence d'unités de valeur prédéfinies, les UTXO Bitcoin sont pratiquement analogues aux espèces et aux pièces physiques. En bref, les UTXO sont une abstraction de la monnaie électronique.

La conception UTXO des transactions Bitcoin est une mise en œuvre de la comptabilité dans un contexte pair-à-pair approprié, utilisant la blockchain comme un mécanisme neutre pour enregistrer les chaînes de propriété de l'actif numérique.

Cependant, le modèle UTXO présente des inconvénients. L'un d'eux est l'impossibilité pour un utilisateur de personnaliser son jeu d'UTXO en dehors d'un contexte transactionnel, ce qui permet une meilleure traçabilité de la chaîne de propriété. Si les adresses sont à clé publique, l'analyse de la blockchain est suffisamment avancée pour cartographier efficacement le flux des transactions autour d'une adresse et associer leur propriété à un compte de service particulier ou à une autre identité.

Deuxièmement, plus l'ensemble UTXO est grand, plus l'efficacité des données peut devenir un problème. Une grande partie du travail de développement visant à rendre les transactions Bitcoin plus efficaces implique l'optimisation des UTXO.

La politique monétaire du bitcoin

Le bitcoin est présenté comme une technologie révolutionnaire qui cherche à séparer l'argent et l'État. Cependant, si l'on considère l'histoire de la monnaie, le bitcoin est également évolutif. La monnaie a toujours été un phénomène technologique et social créé par et pour les gens, il est donc logique qu'elle soit systématiquement mise à jour à un moment donné dans le cadre d'une tendance culturelle mondiale de numérisation croissante. Lorsque l'on discute de la nouvelle politique monétaire de Bitcoin, il est important de comprendre comment et pourquoi l'ancien système monétaire fonctionne comme il le fait.

Les systèmes monétaires actuels sont des systèmes „fiat", ce qui signifie qu'ils sont soutenus par des décrets arbitraires de l'organe souverain de l'État. Ces monnaies ont une valeur, parce que l'État dicte leur utilisation, comme moyen d'échange, réserve de valeur et unité de compte - les trois qualités de la monnaie. La preuve la plus évidente de cette application est que l'État facture les taxes en monnaie locale.

Cette relation entre les autorités étatiques et la monnaie remonte à des centaines d'années, lorsque les gouvernements et les empires ont commencé à imprimer le visage du souverain sur le métal. Aujourd'hui, la monnaie légale est émise sous la forme de morceaux de papier imprimés, émis par une Monnaie centrale supervisée par un Département d'État. Cet argent est protégé par l'État.

Cependant, l'or n'était pas sans limites. Les défis systémiques d'un système monétaire basé sur l'or auraient inévitablement conduit l'État à abstraire davantage son lien avec la ressource sous-jacente jusqu'à ce que l'échafaudage devienne, pour ainsi dire, un bâtiment.

Étant donné que le gouvernement est en mesure d›imprimer des morceaux de papier soutenus uniquement par son pouvoir, les gens font confiance au gouvernement et lui confient la responsabilité de superviser correctement la monnaie et d›éviter l›instabilité économique. Lorsqu'un gouvernement imprime trop d'argent, il y a inflation, ce qui dévalue considérablement la valeur de l'argent dans l'économie.

Certains gouvernements ont gravement mal géré la masse monétaire, entraînant une hyperinflation. Dans de telles situations volatiles, il n'est pas rare que le prix du dollar fluctue de manière exponentielle.

Dans ce cas, l'État enchaîne-t-il la population dans des systèmes financiers arbitraires dont elle ne peut s'échapper ? Il y a certainement de nombreux partisans du bitcoin qui soutiendraient cette affirmation, mais nous devons voir plus grand. Si les monnaies administrées par l'État ont pris de l'importance, c'est parce que les gens ont accepté le contrat social non écrit qui se cache derrière la monnaie, en confiant à l'État la gestion des complexités d'un tel système. Cette question de la confiance est fondamentale et essentielle pour comprendre le rôle du bitcoin dans l'histoire monétaire.

Le chercheur en crypto-monnaies Hasu a rédigé Le contrat social du Bitcoin en réalisant que la nouveauté de Satoshi réside dans le couplage d'un contrat social actualisé et automatisé avec une couche de protocole qui le fait effectivement respecter. Dans son essai, Hasu met en évidence les quatre règles fondamentales de ce contrat monétaire, telles que formulées par Eric Lombrozo :

- Seul le détenteur d'une pièce peut présenter la signature pour l'émettre (résistance à la confiscation)

- Tout le monde peut échanger des bitcoins et sauvegarder la valeur sans autorisation (résistance à la censure).
- Seuls 21 millions de Bitcoins seront émis (résistance à l'inflation)
- Tous les utilisateurs devraient pouvoir contrôler les règles du bitcoin (résistance à la contrefaçon).

Dans ce système, les faiblesses des systèmes monétaires précédents sont atténuées par un protocole logiciel prévisible et mondialement accessible qui distribue la confiance et le pouvoir en dehors d'une seule institution et à travers un réseau ouvert de participants. Cette expérience radicale de politique monétaire et d'échange de valeurs est en cours. Nous verrons plus tard si ce contrat social et la technologie qui le met en œuvre peuvent résister aux défis qui ont assailli les systèmes passés et présents.

Caractéristiques uniques du bitcoin

Comme vous l'avez peut-être remarqué en lisant ce guide, le bitcoin n'est pas habituel. Il s'agit d'un système aux multiples facettes qui peut être envisagé sous différents angles : informatique, informatique distribuée, finance, argent, dossiers, etc. Les paragraphes suivants examinent les caractéristiques uniques du réseau Bitcoin, ainsi que la philosophie de conception et les défis liés au maintien de ces caractéristiques.

Dualité des jetons de réseau

Les néophytes du bitcoin peuvent être déroutés par la distinction entre le réseau bitcoin et la monnaie bitcoin, car l'utilisation originale de l'expression "réseau bitcoin" est la même que celle du terme "monnaie".

La blockchain du bitcoin devait permettre un système de monnaie numérique, et c'est cette application qui est devenue un phénomène mondial. Bien qu'ils soient inextricablement liés par leur conception, cela peut contribuer à fournir une perspective plus large du système mondial.

Le réseau Bitcoin est un système multipartite à code source ouvert qui gère et facilite une couche de règlement mondiale et un système de facturation pour des transactions illimitées entre homologues. Les parties prenantes sont les "mineurs", les développeurs, les vendeurs/entreprises et les utilisateurs qui travaillent tous ensemble pour assurer la sécurité et la disponibilité du réseau, améliorer le protocole, créer des services sur le réseau et, finalement, utiliser le réseau.

Les mineurs sont des nœuds qui valident les transactions envoyées au réseau et enregistrent les données des transactions dans un grand livre distribué qui est sécurisé d'un point de vue cryptographique et vérifiable. Ce processus à forte intensité de calcul protège non seulement le réseau contre diverses attaques, mais sert également à frapper la monnaie bitcoin sous la forme de récompenses de blocs.

Bitcoin Core est un projet de logiciel open source développé par de nombreuses équipes et personnes à travers le monde. Certains de ces développeurs sont des membres rémunérés d'équipes établies, tandis que d'autres sont libres de contribuer au protocole. Le processus de développement de Bitcoin Core reflète le système d'application de commentaires qui a créé les journaux qui constituent l'Internet d'aujourd'hui. Tout le monde peut soumettre une suggestion pour améliorer Bitcoin et recevoir un retour de la communauté open source. S'il existe un consensus social clair sur la nécessité de mettre en œuvre une suggestion, les développeurs mettront le logiciel à jour en conséquence à une date ultérieure.

Au fil des ans, de nombreuses sociétés ont vu le jour et se sont développées sur Internet ; de même, de nombreuses autres sociétés se sont formées pour fournir des services aux utilisateurs de bitcoins. Ces services peuvent varier selon les portefeuilles, qui permettent aux utilisateurs d'échanger des bitcoins au moyen d'une interface intuitive, de les déposer, de marquer des documents de manière sécurisée et bien plus encore. Les entreprises qui utilisent le bitcoin dans leur pile technologique sont souvent confrontées à des défis et à des risques uniques qui ne sont pas partagés par les entreprises technologiques traditionnelles, comme la conservation des actifs, l'immuabilité des données, etc.

Les utilisateurs peuvent être aussi bien les inconditionnels de Hodler Cypherpunk que les traders d'un jour ou les débutants qui veulent juste voir de quoi il s'agit. Tous ces investisseurs font partie intégrante du succès du bitcoin ; il est donc essentiel que les incitations soient alignées dans l'ensemble de l'écosystème. Une crypto-monnaie est incroyablement utile à cet égard.

L'innovation de Bitcoin réside en partie dans le fait qu'il s'agit d'une infrastructure financière sous la forme d'un patrimoine commun accessible dans le monde entier, construit, entretenu et utilisé par un réseau de pairs. Les incitations économiques inhérentes au système, puisqu'il s'agit également d'un réseau autonome à l'origine de la monnaie numérique Bitcoin, lui permettent d'évoluer et de survivre à l'avenir.

Décentralisation

La décentralisation n'est pas un concept unique. À bien des égards, il s'agit simplement d'une abstraction d'un état idéal : un avenir dans lequel les systèmes critiques qui soutiennent nos vies, tels que le système financier actuel, ne sont pas maintenus par des administrateurs de confiance mais par un réseau de personnes résilientes et compétentes. Pour beaucoup, c'est là le cœur de systèmes comme le bitcoin et d'autres blockchains : leur raison d'être.

Malgré la nature abstraite du terme, la décentralisation est devenue une partie fondamentale de la messagerie dans l'industrie des crypto-monnaies et est souvent l'une des premières choses qu'un débutant rencontre en explorant ce domaine. Cependant, de manière ironique ou appropriée, il y a un manque de clarté et de consensus sur ce que ce terme signifie réellement dans la vision et la pratique. Pour les besoins de ce guide, nous allons brièvement décortiquer ce terme complexe et, nous l'espérons, fournir un contexte utile aux débutants en bitcoins.

Tout d'abord, il convient de noter que la décentralisation a des composantes à la fois techniques et sociales, qui sont souvent inextricablement liées. Par exemple, une analyse approfondie de la décentralisation du bitcoin devrait évaluer l'ensemble de la pile de protocoles de haut en bas : les différents sous-systèmes selon la façon dont le réseau s'adapte au fil du temps, la répartition du pouvoir entre les différentes parties prenantes et l'influence des forces extérieures au réseau Bitcoin, telles que les entreprises et les gouvernements.

Tout semble indiquer que le bitcoin est techniquement décentralisé du point de vue de son architecture sous-jacente, puisque le réseau n'a pas été compromis depuis sa création. En termes sociaux, le réseau est assez résistant aux influences internes ou externes. Ce système est resté crédiblement neutre et résilient au fil des ans.

À l›extérieur, si un gouvernement ou un organisme voulait vraiment fermer le réseau, il ne serait pas hors de propos. Sans un réseau solide d›administrateurs pour maintenir le réseau et avec l'incapacité d'utiliser la monnaie comme prévu, sa viabilité en tant que système monétaire généralisé serait sûrement compromise. La Chine a interdit le bitcoin au moins cinq fois, mais une grande partie de la puissance de hachage du réseau provient de l'intérieur du pays. Selon la liste des nécrologies du bitcoin établie par 99Bitcoin, le bitcoin est déjà mort environ 400 fois.

Il n'existe pas encore de modèle largement accepté pour quantifier la décentralisation de ces systèmes techno-sociaux uniques. Au fil du temps, cette situation est susceptible d'évoluer, non seulement en faveur des normes du secteur, mais aussi pour protéger le bitcoin et les réseaux de valeurs similaires de l'évolution des cadres réglementaires. Malgré les cadres réglementaires mondiaux, il est essentiel que la décentralisation se poursuive de manière significative.

Immutabilité

Afin de créer un système de transaction de pair à pair qui ne repose pas sur des tiers de confiance, Satoshi a réalisé que les paiements devaient être une caractéristique fondamentale du protocole. Si ces fonctions font partie du système financier établi pour traiter les différends entre les parties ou pour résoudre les erreurs humaines ou techniques, la capacité de traiter un enregistrement de transaction sur le plan administratif est inévitablement exploitée. Pour qu'un système de monnaie numérique soit viable et résiste aux saisies, à la censure et à la contrefaçon sans autorité centrale, il doit être immuable.

Bitcoin atteint cette immuabilité grâce au processus de consensus sur la preuve du travail en cours. Une fois qu'une transaction a été traitée par les mineurs et liée à la structure de données de la blockchain, chaque bloc suivant renforce la sécurité et la validité de cette transaction par des ordres de grandeur exponentiels.

Dans un entretien avec Tim Ferriss, Nick Szabo, pionnier des crypto-monnaies, a comparé ce processus à "une mouche piégée dans de l'ambre" : la mouche est la transaction et l'ambre est la preuve de travail. Cette relation entre le temps et la sécurité des transactions est un élément important pour le bitcoin. Toutes les 10 minutes, une nouvelle transaction est validée. En pratique, il faut donc attendre la confirmation complète d'une transaction. C'est ce que l'on appelle la "finalité".

Sécurité

"Si nous pouvons sécuriser les fonctions les plus importantes d'un réseau financier grâce à l'informatique au lieu des traditionnels comptables, régulateurs, enquêteurs, policiers et avocats, nous passerons d'un système manuel, local et incohérent à un système automatisé, global et beaucoup plus sûr."

- Nick Szabo, "Argent, blockchain et scalabilité sociale".

La sécurité est essentielle pour les grands systèmes d'information et de communication. L'internet a été conçu à l'origine comme un réseau de communication capable de résister à une guerre nucléaire. Bien que le contexte géopolitique et les intentions fondamentales varient largement, Bitcoin a également été conçu pour fonctionner dans un environnement hostile et instable.

Le modèle de sécurité des réseaux a été inspiré par des décennies de recherche et de développement visant à garantir l'intégrité et la disponibilité des systèmes distribués. Les véritables systèmes informatiques d'égal à égal présentent des défis et des risques uniques, car il n'y a pas d'administrateurs centraux sur lesquels compter pour redresser la barre. Une sécurité robuste est incroyablement importante pour le réseau Bitcoin, car il permet la mise en place d'un système monétaire entier avec une valeur immense en jeu.

Le système de consensus proof-of-work de Bitcoin protège le réseau des attaques Sybil (la création de nombreux faux comptes pour essaimer et submerger le réseau) et des nœuds intermittents ou défectueux (dus à des coupures de courant ou à un mauvais entretien), ce qui donne un système byzantin tolérant aux pannes.

La tolérance aux pannes est la capacité d'un système distribué à maintenir un consensus sur des informations incomplètes, des pannes partielles du réseau ou même à éviter des agents malveillants. Ce terme fait référence au scénario formulé par Leslie Lamport, Robert Shostak et Marshall Pease dans leur ouvrage influent "The Problem of the Byzantine Generals", en utilisant l'exemple d'un groupe de généraux d'armée se coordonnant dans un environnement de bataille avec des ressources limitées.

Comment des généraux disposant d'informations et d'une connaissance de la situation imparfaites peuvent-ils se mettre d'accord sur une stratégie commune et la mettre en œuvre, ou même avoir confiance qu'un autre général ne deviendra pas un traître et ne renversera pas à lui seul la situation ? Leur conclusion : si les deux tiers des généraux sont loyaux, cela ne sera pas autodestructeur.

Comme indiqué plus haut, la décentralisation du bitcoin est rendue possible par une coordination intelligente des incitations entre les parties prenantes du réseau : mineurs, développeurs, commerçants et utilisateurs. En d'autres termes, toute tentative concertée de prise de contrôle du réseau ou de réorganisation de la chaîne entraînerait une perte de valeur de la monnaie, rendant tout usage prévu complètement inutile.

Il est dans le meilleur intérêt de chaque participant de respecter les règles et de travailler ensemble à la maturation et à l'introduction de l'écosystème Bitcoin.

Depuis son introduction en janvier 2009, le réseau Bitcoin n'a jamais été compromis à un niveau de base et a même connu 0% de temps d'arrêt, ce qui en fait l'un des systèmes informatiques les plus sûrs au monde.

Anonymat/semi-anonymat

L'une des principales caractéristiques du bitcoin est qu'il supprime le modèle d'identification des participants au réseau basé sur les comptes et le remplace par un système cryptographique à clé publique, dans lequel les entités sont représentées par des paires de clés cryptographiques plutôt que par des noms. Les adresses Bitcoin sont des chaînes de 26 à 35 caractères alphanumériques commençant par 1, 3 ou bc1. Bien qu'il existe des services qui permettent aux utilisateurs de faire correspondre des noms à leurs adresses de clés publiques pour les rendre plus conviviales, l'expérience standard de l'utilisateur de Bitcoin implique une interaction avec ces paires de clés cryptographiques.

Les clés cryptographiques sont essentielles à la protection des données en ligne et constituent un élément fondamental des systèmes de protection de la vie privée, de la monnaie numérique au courrier électronique en passant par les protocoles de routage tels que Tor. Ils sont omniprésents dans les nombreuses technologies de l'information et de la communication qui imprègnent nos vies. De nombreux systèmes font abstraction de l'expérience avec des clés gérées et coordonnées par des tiers de confiance plutôt que directement par les utilisateurs.

L'accent mis sur les clés cryptographiques en tant que primitif pour la communication privée et les transactions en ligne a été fortement influencé par les Cypherpunks. Le Manifeste de Timothy May, en particulier, souligne la capacité révolutionnaire de permettre aux individus d'échanger et de négocier des messages de manière anonyme sur les réseaux de communication avec des signatures numériques comme seule méthode de vérification - aucune identité requise.

Dans le contexte de Bitcoin, les paires de clés cryptographiques ne sont pas seulement un substitut d'identité, mais aussi un actif en soi. Communément appelées portefeuilles parce qu'elles permettent d'envoyer et de recevoir des bitcoins entre d'autres adresses à clé publique, ces clés sont des actifs numériques au porteur qui donnent à leur détenteur la propriété exclusive des actifs sous-jacents. Fidèle à la devise „Pas vos clés, pas votre crypto", l'une des qualités les plus révolutionnaires du bitcoin est la réalisation de la propriété et de la gestion de ses actifs sans avoir à compter sur les services de garde de tiers de confiance.

Comment le modèle de protection des données de Bitcoin se compare-t-il aux solutions modernes ? La confidentialité du bitcoin a été l'une des caractéristiques distinctives de la monnaie au fil des ans et un point de friction fréquent avec les régulateurs, tandis que l'analyse des données blockchain a tellement progressé que l'utilisation occasionnelle du bitcoin a été effectivement désanonymisée.

Étant donné que toutes les données relatives aux transactions sont accessibles au public, en appliquant des techniques d'analyse sophistiquées à un graphe de transactions, les adresses publiques peuvent être reliées à divers comptes externes, notamment les comptes d'échange et d'activation/désactivation. Les solutions visant à garantir l'anonymat, comme les mélangeurs de crypto-monnaies, peuvent contribuer à masquer le flux des transactions et à empêcher la liaison avec des comptes externes et des identités réelles, mais ces outils ont commencé à faire l'objet d'une fermeture active du gouvernement. Une grande partie des progrès du protocole Bitcoin se concentre sur le renforcement de ses fonctions de confidentialité.

Transparence

Un nouveau venu au Bitcoin pourrait être surpris par ses qualités, à la fois en tant que système (principalement) de préservation de la vie privée et en tant que domaine transparent. Ces deux caractéristiques s'excluent-elles mutuellement ? Pas nécessairement. En fait, c'est l'équilibre entre ces deux propriétés qui rend le bitcoin et la blockchain particulièrement efficaces et utiles en tant que système financier ouvert.

Nous avons constaté que le modèle de protection des données de Bitcoin est basé sur le remplacement des noms et des comptes par des paires de clés cryptographiques.

Ces paires de clés sont les outils que les utilisateurs utilisent pour échanger en toute sécurité sur le réseau à l'aide de signatures numériques. Si nous ne connaissons pas l'identité de ceux avec qui nous faisons des affaires, comment pouvons-nous leur faire confiance ?

Avec la blockchain, ces flux de transactions et les chaînes de propriété de ces précieux bits sont conservés dans un grand livre de données partagé, sécurisé et vérifiable par cryptographie. La combinaison d'un registre partagé de données sécurisées mais ouvertes et d'un système de consensus qui permet aux pairs du réseau de s'accorder en permanence sur la validité de ce registre conduit à l'une des principales propositions de valeur de la blockchain : la vérification des données.

Lorsque tous les pairs du réseau partagent un enregistrement de transaction et le coût de restauration des transactions horodatées, les participants au réseau Bitcoin peuvent avoir confiance dans la validité du grand livre.

Bien que, pour des raisons évidentes, l'accent soit mis sur les transactions financières sur le réseau Bitcoin, la blockchain s'est également avérée très utile pour d'autres applications. La première application non financière de la blockchain bitcoin a été la preuve d'existence, une méthode d'utilisation de la blockchain bitcoin pour marquer des documents et autres fichiers numériques en associant le hachage d'une donnée à la clé privée d'un propriétaire, d'un bien ou d'un consentement indiquant une action ou une information spécifique.

Les cas d'utilisation vont de la documentation et de l'exécution des contrats juridiques à la provenance des données relatives à un actif numérique ou physique, en passant par la mise en place d'un notaire public mondial et automatisé.

Vitesse

Lorsque nous parlons de la vitesse du bitcoin, nous devons faire une distinction importante. Parlons-nous du nombre de transactions que Bitcoin peut traiter en un laps de temps ou du temps qu'il faut pour traiter une seule transaction ? Il s'agit d'observations connexes mais différentes lorsqu'on évalue la proposition de valeur dans le temps.

Une mesure courante pour quantifier la vitesse et l'évolutivité d'une crypto-monnaie est le nombre de transactions par seconde. Au moment de la rédaction de cet article, la moyenne du réseau Bitcoin n'est que de 4 tx/s, une somme incroyablement faible qui fait pâlir d'envie les quelque 1 700 tx/s de Visa. Le discours sur l'évolutivité et la viabilité du bitcoin en tant que monnaie numérique tend à se référer à ce nombre.

D'autre part, combien de temps faudrait-il à Maria pour envoyer des bitcoins à John ? Bien que cela dépende du montant des frais de transaction payés par Maria pour inciter à la validation prioritaire, le temps moyen d'échange est d'environ 10 minutes, la finalité de la transaction étant certaine après 60 minutes.

Bien que le débit des transactions et les délais de confirmation du bitcoin puissent être grandement améliorés, il est important de se rappeler qu'il s'agit de transactions de pair à pair exécutées et protégées par un réseau mondial fonctionnant au-delà des frontières. C'est la clé pour comprendre la proposition de valeur du bitcoin.

À court et moyen terme, les solutions de mise à l›échelle de niveau 2 telles que Lightning fourniront un moyen fiable d›exécuter des transactions Bitcoin à haute fréquence hors chaîne avec la sécurité de la blockchain Bitcoin.

ACHETER DES BITCOINS: UNE INTRODUCTION ÉTAPE PAR ÉTAPE

CRYPTO-MONNAIES

INVESTIR DE MANIÈRE INTELLIGENTE

Pour le moment, il est facile d'acheter des bitcoins. Mais avant d'en acheter, il vous faut un endroit pour les collecter. Dans le monde des crypto-monnaies, cet „endroit" est connu sous le nom de „portefeuille" et se décline en de nombreux types différents. Les différents types de portefeuilles offrent aux propriétaires de bitcoins (BTC) de nombreux types d'options de sécurité, de stockage et d'accès.

Il est important de se rappeler, cependant, que votre portefeuille ne stocke pas techniquement vos bitcoins. Il contient des clés privées qui sont essentielles pour accéder à une adresse Bitcoin et dépenser de l'argent. Ces clés numériques sont nécessaires pour signer les transactions, et si un utilisateur les perd, il perd essentiellement l'accès à ses bitcoins.

Les cinq principaux types de portefeuilles BTC sont les suivants : ordinateur de bureau, mobile, en ligne, matériel et papier.

Types de portefeuilles

Bureau

Un portefeuille de bureau est installé sur l'ordinateur de l'utilisateur, qui permet de contrôler les fonds envoyés vers ce portefeuille. Des portefeuilles de bureau épais et fins sont disponibles. Les portefeuilles de bureau épais permettent aux utilisateurs de télécharger entièrement la blockchain associée et assurent une gestion indépendante de la sécurité de leurs fonds. Les portefeuilles minces, en revanche, n'obligent pas les utilisateurs à télécharger des blocs et sont faciles à télécharger sur un appareil portable.

Mobile

Le principal avantage d'un portefeuille mobile est que l'argent de l'utilisateur est toujours à portée de main. Il peut s'agir d'un moyen pratique de payer des marchandises, par exemple en scannant des codes QR. Dans certains cas, les utilisateurs peuvent tirer parti de la fonction de communication en champ proche de leur smartphone, également appelée NFC, qui leur permet de toucher simplement leur téléphone contre un lecteur sans saisir aucune information.

Une caractéristique commune à tous les portefeuilles mobiles est qu'il n'est pas nécessaire d'exécuter un processus Bitcoin complet. En effet, ce processus doit télécharger la totalité de la blockchain, qui croît constamment et occupe beaucoup d'espace de stockage.

En ligne

Lorsqu'on utilise un portefeuille en ligne, les clés privées des utilisateurs sont stockées sur un serveur du réseau, contrôlé par une autre personne et connecté à l'Internet. Bien qu'il permette aux utilisateurs d'accéder facilement à leurs fonds depuis pratiquement n'importe où dans le monde et sur n'importe quel appareil, il existe toujours un risque que le serveur soit piraté ou que même l'organisation qui gère le service prenne le contrôle de leurs bitcoins personnels. Dans l'ensemble, il y a beaucoup de choses à prendre en compte lorsque vous achetez et gérez vos actifs en bitcoins en ligne.

Matériel informatique

Les portefeuilles matériels sont des dispositifs portables dédiés qui stockent les clés privées hors ligne. Il existe différents types de portefeuilles matériels, mais tous permettent aux utilisateurs de transporter essentiellement des tonnes d'argent dans leurs poches.

Portefeuille en papier

Un portefeuille papier se compose essentiellement de deux informations exprimées en caractères - ainsi que de codes QR - qui sont générés à l'aide d'un service spécifique. L'une d'entre elles est une adresse de portefeuille qui peut être utilisée pour recevoir des BTC. L'autre est une clé privée que vous pouvez utiliser pour dépenser des bitcoins.

Autres options

Il existe également d'autres fonctions de stockage pour les bitcoins. Les portefeuilles multi-signatures ou multi-sig exigent des confirmations de plusieurs sources pour déplacer ou accéder aux fonds. Certaines sociétés offrent également des services de garde de bitcoins, en gérant le stockage des bitcoins des clients.

Où acheter des bitcoins

Le nombre de moyens de posséder des bitcoins est en constante augmentation, de sorte que les gens peuvent choisir parmi une variété d'options pour acheter la crypto-monnaie qui correspond le mieux à leurs besoins.

Bourses de crypto-monnaies

Tout nouvel acheteur potentiel de bitcoins trouvera un certain nombre d'échanges différents qui se disputeront son marché. Choisir le bon dépend de nombreux facteurs différents, dont le plus important est peut-être son emplacement.

Les bourses du monde entier relèvent de différentes juridictions étatiques et exigent des pratiques différentes en matière de connaissance du client et de lutte contre le blanchiment d'argent, selon les régions concernées. Pour cette raison il se peut que vous deviez fournir des informations personnelles pour créer un compte et commencer à négocier sur certains marchés centralisés.

Cela nous amène à parler des types d'échanges. Il existe différents types de bourses de crypto-monnaies : les bourses centralisées, les bourses décentralisées ou DEX et les bourses peer-to-peer.

Les bourses de crypto-monnaies centralisées sont des plate-formes en ligne sur lesquelles on peut créer un compte avec des données d'accès. En fonction de l'échange et de la région, vous devrez peut-être aussi fournir certaines informations personnelles. Les échanges centralisés vous permettent d'envoyer des fonds sous forme de crypto-monnaie ou d'argent depuis un compte bancaire vers cette plate-forme et d'échanger ces fonds sur la plate-forme, y compris l'achat et la vente de Bitcoin. En fonction de l'échange, vous pouvez négocier de nombreux types de crypto-monnaies, tous sur une plate-forme principale. L'un des problèmes de ce modèle, cependant, est que vous ne détenez pas techniquement vos fonds lorsque vous êtes sur la bourse.

Les DEX, en revanche, vous permettent de négocier à partir de votre portefeuille. Essentiellement, les DEX sont constitués de pools de liquidités pour divers actifs sur la blockchain. Par exemple, les DEX basés sur l'Ethereum permettent de négocier facilement des actifs basés sur l'Ethereum. Le bitcoin lui-même ne peut pas être échangé sur un DEX basé sur Ethereum, bien qu'il existe quelques solutions alternatives pour cela.

Le commerce de pair à pair (P2P) est également une option pour l'achat et la vente de bitcoins. Pour faciliter ces transactions, il existe plusieurs plate-formes qui proposent un service de séquestre afin de protéger les deux parties et leurs fonds.

CoinMarketCap et CoinGecko peuvent être des ressources utiles lors de la recherche d'échanges. Les deux sites disposent d'onglets spéciaux pour le partage.

Outre les échanges de crypto-monnaies de base, les clients peuvent également acheter des bitcoins sur PayPal. Cependant, la plate-forme ne permet pas aux utilisateurs d'envoyer leurs bitcoins en dehors de l'écosystème de la plate-forme et ne leur donne pas le contrôle de leurs clés privées.

Fonds d'investissement

Un trust d'investissement est une forme d'investissement collectif dans lequel l'argent des investisseurs est collecté par la vente d'un nombre fixe d'actions qui peuvent avoir des problèmes fiduciaires.

Le Grayscale Bitcoin Trust (GBTC), premier véhicule d'investissement lié au bitcoin coté en bourse, permet aux gens d'interagir avec les crypto-monnaies sans avoir à les acheter ou à les stocker eux-mêmes. Le GBTC investit exclusivement dans le bitcoin et tire sa valeur du prix du bitcoin. Grayscale propose également divers produits d'investissement pour les crypto-actifs.

En outre, il existe un certain nombre de fonds négociés en bourse (FNB) de bitcoins canadiens, dont le premier, le Purpose Bitcoin ETF, a été produit par Purpose Investments en 2021. L'achat d'un ETF Bitcoin donne également à l'acheteur une exposition au bitcoin par le biais de canaux financiers populaires, bien que le type de produit d'investissement soit différent du GBTC.

L'achat d'actions de certaines entreprises pourrait également servir d'investissement possible dans le bitcoin. Par exemple, la société de business intelligence MicroStrategy a fait don de milliards de dollars de son capital à Bitcoin.

Bien que les utilisateurs puissent se demander si les actions Bitcoin sont disponibles ou comment acheter des actions Bitcoin, cette classification n'existe pas techniquement. Cependant, vous pouvez acheter des actions dans des sociétés liées au bitcoin, comme des sociétés qui se concentrent sur l'extraction du bitcoin ou l'achat d'actions dans des sociétés qui ont investi dans le bitcoin.

Acheter des bitcoins avec une carte de crédit ou sur PayPal

Cela peut surprendre, mais quelle que soit la méthode de négociation que vous utilisez, il n'est toujours pas facile d'acheter des bitcoins avec votre carte de crédit ou via PayPal, selon l'endroit où vous vous trouvez dans le monde. Les bourses évitent ces méthodes de paiement et demandent plutôt aux utilisateurs de relier leurs comptes bancaires. La plupart des vendeurs privés se méfient de ce genre de transactions et préfèrent le liquide.

Cela s'explique par ce que l'on appelle les „annulations de débit". La plupart des transactions par carte de crédit ou PayPal peuvent être annulées simplement en appelant la société qui a émis la carte. Les transactions en bitcoins sont irréversibles et comme il peut être extrêmement difficile de prouver que des biens ont changé de main lors d'un transfert en bitcoins, ce mode de paiement est généralement évité.

GAB Bitcoin

Des distributeurs automatiques de bitcoins sont apparus dans des villes du monde entier et leur nombre ne cesse d'augmenter. Toutefois, ces machines facturent généralement des frais de transaction nettement supérieurs aux frais les plus courants.

Pour utiliser un distributeur automatique de bitcoins, recherchez sur Internet un distributeur dans votre zone cible. Vous devez ouvrir un compte auprès du fournisseur de guichets automatiques Bitcoin en ligne ou sur place. L'ouverture d'un compte nécessite souvent de se conformer à la règle de la connaissance du client (KYC), ce qui peut impliquer de fournir un scan de votre pièce d'identité et de vos informations personnelles, puis d'attendre l'approbation.

Dès que vous vous présentez en personne, insérez de l'argent dans le distributeur automatique de bitcoins, puis scannez le code QR sur votre portefeuille mobile ou vous recevrez un reçu papier avec les codes et les instructions pour transférer le solde de bitcoins sur votre portefeuille.

Il va sans dire qu'il est très peu probable que des distributeurs automatiques de bitcoins apparaissent dans les pays où cette crypto-monnaie est interdite.

Cartes cadeaux

Les bitcoins peuvent être utilisés pour acheter des cartes cadeaux. Ces mêmes cartes-cadeaux peuvent également être échangées contre des BTC. Il vous suffit d'acheter une carte cadeau auprès d'un détaillant, de vous inscrire sur une plateforme où certains vendeurs acceptent les cartes cadeaux et de réaliser l'achat.

Faites attention aux escrocs et gardez un œil sur la réputation du vendeur ; prenez d'autres mesures de sécurité courantes sur Internet. Dans l'ensemble, la sensibilisation et la prudence peuvent être cruciales dans toute activité dans l'espace cryptographique.

Avertissements avant d'acheter des bitcoins

Questions de légalité et de protection

Le bitcoin a suscité l'intérêt des services répressifs, des autorités fiscales et des régulateurs juridiques. Ils essaient de comprendre comment les crypto-monnaies s'intègrent dans les cadres existants et quelles directives doivent être mises en œuvre. La légalité de vos activités liées à Bitcoin peut dépendre de qui vous êtes, de votre lieu de résidence et de ce que vous faites de cet actif.

Il convient également de rappeler que les mesures de protection et de sécurité des échanges de crypto-monnaies, ainsi que leur légitimité, varient d'une plate-forme à l'autre. Chaque plate-forme a ses propres avantages et inconvénients.

Notes importantes sur la propriété des bitcoins

Les pratiques de sécurité pour protéger vos bitcoins dépendent du type de portefeuille que vous choisissez. Chacun a ses propres pratiques préférées pour acheter et stocker ses crypto-monnaies. La recherche de ces pratiques, ainsi que du type de portefeuille le plus approprié, fait partie intégrante de la possession de crypto-monnaies. Les bitcoins peuvent offrir moins de restrictions que les financements traditionnels, mais ils ont aussi d'autres responsabilités.

Comment vendre des bitcoins: comment retirer votre crypto-monnaie ?

Crypto-monnaies

Investir de manière intelligente

"Comment vendre des bitcoins ?" est l'une des premières questions que les gens posent lorsqu'ils sont intéressés par l'achat de crypto-monnaies, car retirer son argent est tout aussi important que l'investir.

La vente de bitcoins (BTC) peut être similaire à l'achat, à l'exception d'un processus légèrement inverse. Pour vendre des BTC, vous devez d'abord avoir des BTC en main dans votre portefeuille.

Il existe plusieurs façons d'acheter des bitcoins. Lorsque vous êtes prêt à vendre une partie ou la totalité de vos bitcoins, il existe plusieurs façons de le faire, notamment par le biais d'une bourse de crypto-monnaies en ligne, de transactions directes de pair à pair (P2P) en ligne ou sur place et par le biais d'un distributeur automatique de billets.

Bourses de crypto-monnaies

Malgré certains inconvénients, les échanges constituent une solution complète lorsqu'il s'agit de négocier des bitcoins. Lors de la vente de crypto-monnaies, les bourses agissent comme des intermédiaires, retenant les fonds des vendeurs et des acheteurs.

Pour utiliser une bourse de crypto-monnaies, vous devez créer un compte sur la plate-forme de votre choix. De nombreux échanges de bonne réputation exigent une vérification de l'identité. Il est nécessaire d'avoir un compte bancaire pour retirer de l'argent. Toutefois, n'oubliez pas les restrictions sur les taux de change en fonction de votre pays de résidence. Certains échanges interdisent certaines régions.

Une fois que vous avez un compte d'échange et que vous y avez transféré vos bitcoins (ou si vous avez déjà un compte avec des bitcoins), il vous suffit de saisir un ordre de vente en précisant le type de devise que vous souhaitez échanger, son montant et votre prix demandé par unité. L'échange conclura automatiquement la transaction dès que quelqu'un acceptera votre offre. Cependant, le trading de crypto-monnaies peut être beaucoup plus compliqué que cette brève description, avec plus de types de règles.

Une fois les fonds déposés sur votre compte, vous devrez les retirer sur votre compte bancaire lié. Cela peut parfois prendre trop de temps, surtout si le marché boursier est aux prises avec des banques ou a des problèmes de liquidités. Quelques mois avant la faillite, le marché boursier de Mt. Gox avait ce problème. En outre, certaines banques refusent tout simplement de traiter des transactions avec des fonds obtenus par le biais du commerce des crypto-monnaies.

Il est important d'être conscient des frais de retrait qui peuvent s'appliquer sur la plate-forme de votre choix. En outre, les bourses peuvent limiter la quantité d'argent que vous pouvez retirer dans un certain laps de temps. La limite peut augmenter avec le temps ou en téléchargeant des documents supplémentaires pour répondre aux exigences de vérification de la connaissance du client (KYC) et de la lutte contre le blanchiment d'argent (AML).

Enfin, il est important de se rappeler que, bien que des services de porte-monnaie soient proposés, les profils d'échange ne constituent en aucun cas un endroit sûr et fiable pour stocker votre argent. Ils peuvent être attaqués par des pirates informatiques et il est même arrivé qu'ils soient fermés, après que leurs propriétaires aient mal géré les fonds ou se soient enfuis avec l'argent des utilisateurs.

Une autre option potentielle pour vendre des BTC est de les vendre dans un stablecoin sur un échange, puis de retirer ces avoirs de l'échange vers un portefeuille personnel. Vous pouvez aussi simplement garder ces fonds sur la bourse, bien que cela ait ses avantages et ses inconvénients. Il est conseillé d'assumer l'entière responsabilité de son argent et de conserver tout montant inutile dans un portefeuille hors ligne sécurisé. En outre, le retrait vers un portefeuille personnel en dehors de la plate-forme vous permet de mieux contrôler votre argent.

Un stablecoin est un actif numérique lié à la valeur d'un actif sous-jacent, généralement une devise comme le dollar américain. Il existe un certain nombre de monnaies stables contre lesquelles vous pouvez échanger vos BTC.

Une autre façon encombrante de vendre vos BTC par le biais des services d'un échange de crypto-monnaies est de les dépenser par le biais de l'une des nombreuses cartes de paiement orientées crypto-monnaies sur le marché.

Ces cartes fonctionnent de plusieurs façons. En général, les biens des utilisateurs sont échangés contre des espèces au point de vente, ce qui permet d'utiliser les cartes dans les lieux qui acceptent les cartes de paiement traditionnelles. Sinon, certaines cartes permettent aux utilisateurs de charger des monnaies stables sur une carte adaptée aux crypto-monnaies et ne sont pas soumises à la volatilité associée aux crypto-monnaies.

Échange direct (de personne à personne)

Une autre façon de vendre vos bitcoins est de les échanger directement avec une autre société, en ligne ou en personne. Il existe plusieurs façons d'y parvenir, soit en organisant une rencontre en face à face pour vendre des bitcoins en personne, soit en négociant en ligne sur une plate-forme spécialisée.

Échange P2P en ligne

Lors de la vente de Bitcoin P2P en ligne, il existe plusieurs plate-formes spécialisées - et même des produits de bourses de crypto-monnaies renommées - pour faciliter ces transactions. D'une manière ou d'une autre, ces plate-formes vous permettent essentiellement d'échanger des bitcoins contre des espèces ou vice versa.

En général, les acheteurs de bitcoins postent des offres sur ces plate-formes et notent le prix souhaité, l'option de paiement préférée, etc. Les clients potentiels trouvent les offres qu'ils préfèrent et concluent la vente en suivant les instructions de la plate-forme.

Ces plate-formes comprennent généralement des fonctions de séquestre, afin d'offrir aux deux parties un certain degré de sécurité et de garantir le transfert des ressources. En fonction de l'option de paiement, le vendeur peut recevoir un virement direct sur son compte ou sa carte bancaire, un virement bancaire ou un accord pour recevoir des fonds sur certaines des plate-formes de paiement traditionnelles les plus populaires.

Transactions personnelles

La vente de bitcoins en P2P dans un „lieu" personnel est également une méthode plausible. Certaines plate-formes en ligne facilitent la vente de BTC en personne, même si vous pouvez simplement rencontrer des amis ou de la famille et vendre des bitcoins contre de l'argent. Pour vendre des bitcoins en personne, vous devez savoir comment envoyer des bitcoins et travailler avec un portefeuille de crypto-monnaies ou la plate-forme sur laquelle vous gardez votre argent (par exemple si vous gardez votre argent dans un portefeuille).

La valeur du bitcoin fluctue constamment, il est donc important de connaître son prix lorsque vous le vendez. La plupart des traders utilisent les prix des bourses bien connues. Il est également possible d'utiliser des services tels que l'indice des prix du bitcoin de Cointelegraph pour connaître le dernier prix de l'actif cryptographique.

Il existe également des lieux physiques ou des boutiques dans certaines parties du monde où les participants peuvent échanger des bitcoins en personne.

Cependant, il est important de garder à l'esprit que les bitcoins peuvent être échangés à des prix différents sur des bourses différentes et à des prix différents dans différentes régions du monde. Cet écart est appelé „prime". Essentiellement, on parle de prime Bitcoin lorsqu'un actif se négocie au-dessus ou au-dessous du reste du marché ou du prix d'un actif sous-jacent.

Le bitcoin s'échange généralement à des prix relativement plus élevés en Corée du Sud, un statut de marché connu sous le nom de „prime au kimchi". L'échange de crypto-monnaies Coinbase Pro est connu pour avoir une valeur marchande élevée.

Il convient d'être prudent lorsque l'on organise une vente personnelle de bitcoins avec un inconnu, que ce soit par le biais d'une plate-forme ou autrement. L'échange de bitcoins en personne avec des inconnus présente des dangers potentiels, similaires à ceux associés à d'autres transactions financières personnelles.

GAB Bitcoin

Bien que les guichets automatiques Bitcoin ressemblent à des guichets automatiques traditionnels, ce ne sont pas des guichets automatiques classiques. Au lieu de se connecter au compte bancaire de l'utilisateur, il se connecte à l'Internet pour permettre les transactions en bitcoins.

Le moyen le plus simple d'utiliser les distributeurs automatiques de bitcoins est de scanner le code QR d'un portefeuille, puis de vendre des BTC contre des espèces. Les distributeurs automatiques de bitcoins sont présents dans le monde entier et leur emplacement peut être facilement trouvé sur Internet. Toutefois, par rapport à d'autres méthodes, elles facturent généralement des frais de transaction élevés. En outre, tous les distributeurs automatiques de billets ne proposent pas à la fois une fonction d'achat et de vente, ce qui est un élément à prendre en compte lorsque vous recherchez un distributeur automatique de bitcoins pour vendre des BTC.

Les fournisseurs de bitcoins exigent parfois que les utilisateurs aient un compte existant pour effectuer des transactions de vente. Le processus d'enregistrement exige souvent beaucoup de temps, d'énergie et d'efforts. Par exemple, les nouveaux utilisateurs peuvent être amenés à fournir un numéro de téléphone pour l'activation et les notifications, une identification gouvernementale, un scan d'empreintes digitales et une photo récente prise par l'appareil photo. Le processus d'identification varie selon la machine et l'opérateur, mais une forme de vérification de l'identité est toujours requise lorsque des bitcoins doivent être vendus.

En outre, les opérateurs de DAB doivent ajuster leurs paramètres en fonction des exigences en matière de LBC et de KYC qui s'appliquent dans la juridiction où se trouvent leurs machines. Dans certains pays, cela nécessite une licence pour transférer de l'argent, tandis que les réglementations d'autres pays empêchent même l'installation de distributeurs automatiques de bitcoins.

Une fois votre identité vérifiée, vous recevrez un code QR avec l'adresse du portefeuille où envoyer vos bitcoins. En fonction du distributeur que vous utilisez, vous recevrez soit de l'argent immédiatement, soit un code de rachat et vous devrez attendre la confirmation de la transaction sur la blockchain Bitcoin. En général, une seule confirmation suffit, mais parfois, jusqu'à six confirmations sont nécessaires avant que vous puissiez retirer de l'argent.

Retrait d'argent

Une méthode courante pour convertir les bitcoins en espèces consiste à retirer les fonds par virement bancaire ou par transfert automatisé de chambre de compensation (ACH) sur un compte bancaire.

Il est également possible de transférer de l'argent via l'espace unique de paiement en euros (SEPA), qui traite les transferts en euros. Il s'agit d'un système qui vise à rendre plus efficaces les transferts internationaux entre les membres de l'Union européenne. Certains échanges de crypto-monnaies européens acceptent ce type de transfert.

Les deux systèmes sont loin d'être parfaits. Le traitement des transferts peut prendre beaucoup de temps et plusieurs jours, selon le pays et le montant de l'argent. Des frais supplémentaires peuvent s'appliquer à ces systèmes.

Par exemple, certaines banques peuvent facturer des frais fixes pour un paiement SEPA, qui peuvent augmenter en fonction de la vitesse de transfert souhaitée. Il convient également de noter que certaines banques peuvent se sentir défavorables à l'idée de faciliter les transferts vers et depuis des comptes associés à des sociétés de crypto-monnaie.

Lorsque vous ouvrez un compte bancaire pour retirer de l'argent des ventes de bitcoins, vous devez faire vos recherches et choisir la banque qui répond le mieux à vos besoins.

Comment négocier des crypto-monnaies

Crypto-monnaies

Investir de manière intelligente

Avant même d'envisager de vous aventurer dans le trading de crypto-monnaies, il est important d'avoir une compréhension approfondie des ressources et des technologies impliquées.

Le bitcoin (BTC) est le terrain sur lequel se sont développées des milliers d'autres crypto-monnaies. Il est utile de comprendre l'actif de base sur lequel est né le secteur des crypto-monnaies.

Si vous souhaitez adopter cette approche hautement spéculative et risquée pour augmenter la valeur dans l'industrie des crypto-monnaies, le guide suivant présente les bases absolues du trading de crypto-monnaies. Vous découvrirez ce territoire inconnu et les composantes d'un trade, les styles de trading et le rôle de l'analyse technique et fondamentale dans la création d'une stratégie de trading complète.

Comme pour les actions et les autres marchés financiers, le trading de crypto-monnaies peut être complexe, impliquer une variété de composants et nécessiter des connaissances de base. Le bitcoin a été lancé comme le premier actif cryptographique en 2009 et reste la plus grande crypto-monnaie en termes de capitalisation boursière et de distribution. Au fil des ans, cependant, toute une industrie d'autres actifs numériques a vu le jour et les actifs peuvent être échangés à des fins lucratives. Toutes les autres crypto-monnaies qui ne sont pas des BTC sont appelées altcoins, dont la plus importante est l'Ether (ETH).

Il existe de nombreuses approches différentes du trading de crypto-monnaies. Pour commencer à négocier des crypto-monnaies, vous devez d'abord avoir une connaissance suffisante du sujet. Il est également important de comprendre les risques encourus et les lois qui peuvent s'appliquer par région et les décisions doivent être prises en conséquence.

Note : Ce qui suit n'est qu'un guide de base pour les débutants afin de mieux comprendre le fonctionnement du trading et n'est pas destiné à être un guide étape par étape promettant la rentabilité. Le trading est et restera une entreprise risquée sur n'importe quel marché. Faites toujours vos recherches avant d'interagir ou de négocier avec un actif, une technologie, une entreprise ou un individu.

Les bases du trading de crypto-monnaies

La valeur du bitcoin est déterminée seconde par seconde, jour par jour, par un marché qui ne dort jamais. En tant qu'actif numérique autonome dont la valeur est déterminée par un marché ouvert, le bitcoin présente des problèmes de volatilité uniques auxquels la plupart des monnaies ne sont pas exposées. Par conséquent, il est important que les débutants comprennent le fonctionnement des marchés de crypto-monnaies afin de pouvoir naviguer en toute sécurité sur les marchés à certains moments et tirer le meilleur parti de leur participation à la crypto-économie.

L'ampleur et la complexité du trading de bitcoins peuvent aller d'une simple transaction, comme un retrait dans une devise comme le dollar américain, à l'utilisation d'une variété de paires de trading pour surfer avec profit sur le marché et enrichir son portefeuille d'investissement. Bien entendu, plus la taille et la complexité d'une transaction augmentent, plus le risque du trader augmente.

Tout d'abord, examinons quelques concepts de base :

Créer une entreprise

Un échange se compose d'un acheteur et d'un vendeur. Comme il y a deux côtés opposés dans une transaction - un achat et une vente - une personne gagnera plus que l'autre. Par conséquent, le commerce est par nature un jeu à somme nulle : il y a un gagnant et un perdant. Une compréhension de base du fonctionnement des marchés des crypto-monnaies peut aider à minimiser les pertes potentielles et à maximiser les gains potentiels.

Lorsqu'un prix est convenu entre l'acheteur et le vendeur, la transaction est exécutée (via un échange) et la valorisation de l'actif sur le marché est déterminée. Dans la plupart des cas, les acheteurs ont tendance à passer des commandes à un prix inférieur à celui des vendeurs. Cela crée les deux côtés d'un carnet d'ordres.

Lorsqu'il y a plus d'ordres d'achat que d'ordres de vente, le prix augmente généralement car il y a plus de demande pour l'actif. À l›inverse, si le nombre de vendeurs est supérieur à celui des acheteurs, le prix baisse. Dans de nombreuses interfaces boursières, les achats et les ventes sont affichés dans des couleurs différentes. Cela permet au trader d'avoir une indication rapide de l'état du marché à un moment donné.

Vous avez peut-être entendu le dicton commercial : "Acheter bas, vendre haut". Ce dicton peut être difficile à mettre en pratique car les prix élevés et bas peuvent être relatifs, bien que le dicton concerne essentiellement les incitations des acheteurs et des vendeurs sur un marché.

En termes simples, lorsque vous voulez acheter quelque chose, vous devez dépenser le moins possible. Lorsque vous voulez vendre quelque chose, vous devez obtenir le plus possible de l'entreprise. Bien qu'il s'agisse généralement d'une bonne sagesse, il y a aussi la dimension supplémentaire de vouloir un bien ou de vendre un bien.

Prendre une position longue sur un actif signifie acheter un actif et faire un profit sur son mouvement à la hausse. À l'inverse, la "vente à découvert d'un actif" signifie essentiellement la vente d'un actif avec l'intention de le racheter lorsque son prix tombe en dessous du point auquel vous l'avez vendu, en profitant de la baisse du prix. Cependant, la vente à découvert est un peu plus compliquée que cette brève description et implique la vente d'actifs prêtés qui sont ensuite remboursés.

Styles de négociation

Étudier les marchés

Pour faire simple, le "marché" peut sembler être un système complexe que seul un spécialiste peut comprendre, mais la vérité est que ce qui compte, c'est que les gens achètent et vendent. L'ensemble des ordres d'achat et de vente actifs est un instantané d'un marché à un moment donné. La lecture du marché est le processus continu d'identification de modèles ou de tendances dans le temps, auxquels le trader peut réagir. Globalement, il existe deux tendances de marché : haussière et baissière.

Un marché "haussier" se produit lorsque le mouvement des prix semble augmenter régulièrement. Ces mouvements de prix à la hausse sont également appelés "pompes", car l'afflux d'acheteurs fait augmenter les prix.

Un marché "baissier", ou baissier, se produit lorsque le mouvement du prix semble être en baisse constante. Ces mouvements de prix à la baisse sont également connus sous le nom de "dumps", car les ventes massives font chuter le prix.

Mouvement des prix à la hausse et à la baisse

Les tendances à la hausse et à la baisse peuvent également se produire au sein d'autres tendances opposées plus importantes, selon l'horizon temporel que vous observez. Par exemple, une petite tendance baissière peut se produire à long terme au sein d'une tendance haussière plus importante. En général, une tendance haussière fait en sorte que les prix atteignent des sommets et des creux plus élevés. Une tendance à la baisse entraînera des hauts et des bas plus bas.

Une autre condition de marché, appelée "consolidation", se produit lorsque le prix évolue latéralement ou dans une fourchette. En général, les phases de consolidation sont plus faciles à repérer dans des cadres temporels plus longs (graphiques quotidiens ou hebdomadaires) et se produisent lorsqu'un actif se refroidit après une forte tendance à la hausse ou à la baisse. La consolidation se produit également avant les renversements de tendance ou pendant les périodes de faible demande et de faibles volumes d'échanges. Les prix sont modifiés en restant dans une fourchette.

Analyse technique

L'analyse technique (AT) est une méthode d'analyse des données passées du marché, principalement en termes de prix et de volume, afin de prévoir les mouvements de prix. Il existe une grande variété d'indicateurs TA : ils sont plus ou moins complexes et un trader peut les utiliser pour analyser le marché.

Structure et cycles du marché

De la même manière que les traders peuvent voir des modèles en heures, jours et mois, ils peuvent trouver des modèles de mouvements de prix qui ont fluctué au cours des années. Le marché a une structure de base qui le rend sujet à de tels comportements.

Structure du marché

Le cycle du marché peut être divisé en quatre parties principales : accumulation, prime, distribution et déclin. Lorsque le marché évolue entre ces phases, les traders ajustent continuellement leurs positions, les consolidant, les suivant ou les corrigeant selon les besoins.

Le taureau et l'ours sont des êtres vivants très différents et se comportent de manière opposée dans les mêmes conditions environnementales. Il est important pour un trader de savoir non seulement dans quel rôle il se situe, mais aussi lequel domine le marché.

L'analyse technique est non seulement nécessaire pour se positionner sur ce marché en constante évolution, mais aussi pour suivre activement les hauts et les bas.

La chasse à la "baleine"

Les mouvements de prix sont essentiellement le fait de "baleines", c'est-à-dire d'individus ou de groupes qui disposent de ressources importantes à échanger. Certaines baleines agissent comme des „teneurs de marché", en fixant des offres d'achat et de vente des deux côtés du marché afin de créer de la liquidité pour un actif tout en générant un profit. Les baleines sont présentes sur pratiquement tous les marchés, des actions aux matières premières en passant par les crypto-monnaies.

Une stratégie de trading doit tenir compte des outils de trading préférés des baleines, tels que leurs indicateurs TA préférés. Pour faire simple, les baleines ont tendance à savoir ce qu'elles font. En anticipant les intentions des baleines, un négociant peut travailler avec ces commerçants habiles pour générer un profit.

Cycles psychologiques

Il est facile d'oublier qu'il y a surtout des personnes réelles derrière ces transactions et, en tant que telles, elles sont sujettes à un comportement émotionnel qui peut grandement influencer le marché.

Psychologie d'un cycle de marché

L'image haussière/baissière est utile, mais le cycle psychologique présenté ci-dessus offre un spectre plus détaillé du sentiment du marché. L'une des premières règles du trading est de laisser les émotions à la porte, même si la mentalité de groupe a souvent tendance à prévaloir. L'euphorie est alimentée par la FOMO - la peur de perdre - de la part de ceux qui ne se sont pas encore positionnés sur le marché.

Il est essentiel de "franchir la ligne" entre l'euphorie et la complaisance afin de planifier sa stratégie avant que la panique et la concurrence ne s'installent. Il est important de tenir compte ici des mouvements de prix à fort volume, qui peuvent indiquer la dynamique générale du marché. La philosophie "acheter en profondeur" est assez évidente, car le meilleur moment pour accumuler dans le cycle du marché est pendant une dépression, c'est-à-dire une forte baisse des prix. Plus le risque est grand, plus la récompense est grande.

Le véritable défi pour un trader sérieux est de ne pas se laisser guider par ses émotions, notamment au milieu des analyses de marché, des salons de discussion ou des soi-disant leaders d'opinion. Ces marchés sont soumis à un haut degré de manipulation par des experts. Travaillez sur votre objectif et soyez décisif dans vos actions.

Outils de base

Reconnaître les modèles et les cycles du marché est essentiel pour la clarté. Savoir où l'on se situe par rapport à l'ensemble est d'une importance capitale. Vous devez être ce surfeur expérimenté qui sait quand la vague parfaite arrive, au lieu d'être cette personne qui pagaie mollement dans l'eau en espérant être rapidement ramenée sur le rivage.

La perspective micro est cruciale pour déterminer votre stratégie actuelle. Bien qu'il existe un grand nombre d'indicateurs AT, nous n'aborderons que les plus fondamentaux.

Soutien et résistance

Peut-être deux des indicateurs AT les plus utilisés, les termes "support" et "résistance" font référence aux barrières de prix qui tendent à se former sur le marché et empêchent le mouvement des prix d'aller trop loin dans une direction.

Le support est le niveau de prix auquel la tendance à la baisse tend à s'arrêter, peut-être en raison d'un afflux de demande. Lorsque les prix baissent, les opérateurs ont tendance à acheter à bas prix, ce qui crée une ligne de soutien. Inversement, la résistance est le niveau de prix auquel la tendance haussière tend à s'arrêter en raison d'un moment de dépréciation.

Niveaux de soutien et de résistance

De nombreux traders utilisent les niveaux de support et de résistance pour parier sur la direction du prix et s'ajusteront spontanément lorsque le niveau de prix franchira la limite supérieure ou inférieure. Une fois que les traders ont identifié les limites inférieures et supérieures, ils peuvent choisir d'entrer ou de sortir des positions qu'ils ont choisies. Acheter à bas prix et vendre à prix élevé est le processus standard habituel.

Lorsque le prix franchit ces barrières, il donne une indication de la direction générale du marché. Il s'agit d'un processus temporaire, car lorsqu'une nouvelle tendance se dessine, de nouveaux niveaux de soutien et de résistance s'accumulent.

Lignes de tendance

Les barrières statiques de soutien et de résistance présentées ci-dessus sont des outils courants utilisés par les traders. L'action des prix a tendance à monter ou à descendre, les barrières se déplaçant dans le temps. Une séquence de niveaux de soutien et de résistance peut indiquer une tendance plus large du marché, représentée par une ligne de tendance.

Lorsque le marché est en hausse, des niveaux de résistance commencent à se former, le mouvement du prix ralentit et le prix revient sur la ligne de tendance. Les traders accordent une attention particulière aux niveaux de soutien d'une ligne de tendance à la hausse, car ils indiquent une zone qui permettra de maintenir le prix à un niveau nettement inférieur. De même, dans un marché en baisse, les traders garderont un œil sur la séquence des pics de baisse pour les relier à une ligne de tendance.

Lorsque certaines valeurs se répètent, la force des niveaux de soutien ou de résistance et les lignes de tendance qui en découlent augmentent. Les traders enregistrent ces pics pour alimenter leur stratégie de trading en cours.

Chiffres ronds

Une influence sur les niveaux de support/résistance est la fixation de niveaux de prix ronds par des investisseurs inexpérimentés ou institutionnels. Si un grand nombre de transactions tournent autour d'un beau chiffre rond - comme c'est généralement le cas pour le bitcoin lorsque son prix s'approche d'une valeur uniformément divisible de 10 000 dollars, par exemple - il peut être difficile pour le prix de dépasser ce chiffre.

Ce phénomène fréquent est la preuve que les traders humains sont facilement influencés par leurs émotions et ont tendance à recourir à des raccourcis. Lorsqu'un certain prix sera atteint, le bitcoin entraînera certainement une explosion d'action et d'anticipation sur le marché.

Moyennes mobiles

Avec un historique de marché des niveaux de support/ résistance et des lignes de tendance baissière/relaxée qui en résultent, les traders lissent souvent ces données pour créer un seul graphique de ligne visuelle appelé " moyenne mobile ".

La moyenne mobile

La moyenne mobile suit bien les niveaux de soutien inférieurs d'une tendance haussière ainsi que les pics de résistance pendant une tendance baissière. Lorsqu'elle est analysée en termes de volume d'échanges, la moyenne mobile constitue un indicateur utile à court terme.

Motif du graphique

Il existe plusieurs façons de cartographier le marché et d'y trouver des modèles. L'une des représentations visuelles les plus courantes des mouvements des prix du marché est le graphique en „chandelier". Ce type de graphique fournit une sorte de langage visuel permettant d'anticiper les tendances possibles.

Graphique en chandelier

Les graphiques en chandelier sont apparus au Japon au 18e siècle comme une méthode permettant d'évaluer comment les émotions des traders ont un impact profond sur les mouvements de prix, au-delà de la simple économie de l'offre et de la demande. Cette visualisation du marché est la plus appréciée par les traders, car elle peut contenir plus d'informations que les graphiques linéaires ou à barres, plus simples. Un graphique en chandelier comporte quatre points de prix : ouverture, fermeture, haut et bas.

On les appelle „chandeliers" parce qu'ils sont rectangulaires et que les lignes au-dessus et/ou au-dessous ressemblent à une mèche. La partie large de la bougie est l'endroit où le prix s'ouvre ou se ferme. Les mèches représentent la fourchette de prix dans laquelle un actif a été négocié pendant la période spécifiée par la mèche. Les bougies peuvent couvrir différentes périodes de temps, d'une minute à un jour et au-delà, et présenter des motifs différents selon la séquence temporelle choisie.

Analyse fondamentale

Comment déterminer le potentiel d'un actif cryptographique particulier avant ou au-dessus de son comportement sur le marché ?

L'analyse technique consiste à étudier les données du marché pour déterminer sa stratégie de négociation, tandis que l'analyse fondamentale consiste à étudier l'industrie, la technologie ou les actifs sous-jacents qui composent un marché particulier. Pour les crypto-monnaies, un portefeuille de trading sera probablement composé de bitcoin et d'altcoin.

Comment savoir si un actif repose sur des fondamentaux solides plutôt que sur un battage médiatique, une technologie exagérée ou, pire, sur rien ? Il y a plusieurs facteurs à prendre en compte :

Développeur

Avant d'investir dans une ressource, il est très important d'évaluer l'intégrité et les performances des développeurs qui en sont à l'origine. Quels sont leurs antécédents ? Quels produits ont-ils présenté dans le passé ? Dans quelle mesure sont-ils actifs dans le développement du protocole de jetons sous-jacent ? De nombreux projets sont open source, vous pouvez donc consulter cette activité directement sur des plate-formes telles que GitHub.

Communauté

La communauté est essentielle aux projets de crypto-monnaies. La combinaison d'utilisateurs, de détenteurs de jetons et de passionnés crée une grande partie de la force motrice de ces ressources et des technologies sur lesquelles elles reposent. Après tout, toute nouvelle technologie a une composante sociale. Cependant, avec beaucoup d'argent en jeu - et la présence fréquente de petits investisseurs non professionnels - l'espace est souvent exposé à des groupes d'individus empoisonnés et belliqueux. Il est bon d'avoir un discours sain et transparent au sein de la communauté.

Spécifications techniques

À ne pas confondre avec l›analyse technique du marché, les principales spécifications techniques d›une ressource cryptographique comprennent le choix de l›algorithme de réseau (comment maintenir la sécurité, la disponibilité et le consensus) et les caractéristiques d›émission telles que la durée des blocs, l›offre maximale de jetons et le calendrier de distribution. En évaluant soigneusement la pile de protocoles d'un réseau de crypto-monnaies ainsi que la politique monétaire appliquée par le protocole, un trader peut déterminer si ces caractéristiques soutiennent un investissement potentiel.

Innovation

Lorsqu'il a été introduit, le bitcoin n'était qu'une monnaie électronique, mais au fil du temps, les développeurs et les entrepreneurs ont découvert de nouvelles façons de l'utiliser. Ils ont également créé des protocoles entièrement nouveaux pour l'adapter à un plus large éventail d'utilisations.

Liquidité

La liquidité est fondamentale pour un marché sain. Existe-t-il des bourses fiables qui prennent en charge un actif cryptographique particulier ? Si oui, quelles sont les paires d'échange ? Le volume des échanges/transactions est-il sain ? Y a-t-il de grandes parties prenantes sur le marché et, dans l'affirmative, quelles sont les implications de leurs habitudes commerciales ?

Cependant, la génération de liquidités prend du temps, car un nouveau protocole innovant est actif, mais n'a pas un accès immédiat aux liquidités. De tels investissements sont risqués. Lorsque les volumes sont faibles et qu'il n'y a que peu ou pas de paires d'échange disponibles, cela signifie essentiellement qu'un marché sain finira par se former.

Image de marque et marketing

La plupart des réseaux de crypto-monnaies ne disposent pas d'une personne ou d'une entreprise centrale pour faciliter l'image de marque et le marketing, bien qu'ils puissent ne pas avoir de plan ou de direction cohérents de toute façon.

Il ne s'agit pas d'ignorer la stratégie de marque et le marketing, car en fait, une analyse comparative des efforts de marketing des développeurs de base, des entreprises, des fondations et des membres de la communauté peut fournir un aperçu détaillé de la communication avec les tiers.

Hiérarchies

Ce point peut être considéré comme l'expression des spécifications techniques d'un projet. Quelle est la manifestation physique réelle des personnes concernées, indépendamment de ce qui est écrit dans les livres blancs ou de la façon dont elles se présentent lors des conférences ?

Il est intéressant de dresser une carte des hiérarchies : développeurs, validateurs de blocs, revendeurs/entreprises et utilisateurs. En outre, il est important de comprendre qui sont les administrateurs du réseau, leur rôle dans la protection du réseau (extraction, validation) et comment le pouvoir est réparti entre ces personnes.

Analyse de la blockchain

Comme toutes les crypto-monnaies fonctionnent sur la base de la technologie blockchain, un nouveau type d'analyse (on-chain) est apparu, qui repose sur les données de la blockchain.

En observant les tendances de l'offre et de la demande, la fréquence des transactions, les coûts de transaction et la vitesse à laquelle les investisseurs détiennent et vendent une crypto-monnaie, les analystes peuvent faire des observations qualitatives et quantitatives précises sur la force du réseau blockchain d'une crypto-monnaie et sur sa dynamique de prix sur une variété de marchés.

Les données sur la blockchain fournissent des informations précieuses sur la psychologie des investisseurs, car les analystes sont en mesure de faire correspondre divers événements macro et microéconomiques avec les actions des investisseurs, qui sont invariablement enregistrées sur la blockchain.

Les analystes recherchent des modèles et des anomalies dans les comportements d'achat, de vente et de détention liés aux reprises du marché, aux ventes, aux événements réglementaires et autres événements liés au réseau, afin de faire des prédictions sur les mouvements de prix potentiels futurs et les réactions des investisseurs aux événements à venir tels que les mises à niveau du réseau, la réduction de moitié de l'offre de pièces et les promotions sur les marchés financiers traditionnels.

Le commerce est risqué

La gestion du risque est également un aspect essentiel du trading. Avant de participer à un échange, il est important de savoir combien vous êtes prêt à perdre sur cet échange. Cela peut être basé sur un certain nombre de facteurs, tels que votre capital de négociation. Par exemple, une personne peut être prête à prendre le risque de ne perdre que 1 % de son capital total de négociation, soit au total, soit par transaction.

Le trading est tout simplement une activité risquée. Il est presque impossible de prévoir avec certitude l'activité future du marché. En fin de compte, il est important de prendre ses propres décisions, d'utiliser les informations disponibles et de s'assurer que l'on est correctement informé.

En outre, les stratégies de trading peuvent varier considérablement d'une personne à l'autre en fonction des préférences, de la personnalité, du capital de trading, de la tolérance au risque, etc. Le commerce implique une quantité considérable de responsabilités. Toute personne intéressée par le trading doit évaluer sa situation personnelle avant de décider de s'engager dans cette voie.

La meilleure stratégie de trading du bitcoin pour les débutants

Crypto-monnaies

Investir de manière intelligente

Le trading de bitcoins semble faire fureur et avec la valeur actuelle des crypto-monnaies qui monte en flèche, il est facile de voir pourquoi. Que vous soyez un investisseur novice ou expérimenté dans le domaine des bitcoins ou de toute autre forme de richesse traditionnelle, vous devez être systématique et avoir une stratégie.

Ce n'est un secret pour personne que les crypto-monnaies sont un marché très volatile, ce qui rend d'autant plus impérieux pour les novices du trading de bitcoins de trouver la stratégie la plus efficace possible. Dans cette optique, voici un guide de la meilleure stratégie de trading pour les débutants.

1 - Suivez l'actualité

Ce que nous avons appris du trading du bitcoin au cours des dernières années, c'est que les nouvelles sont importantes. Bien que le bitcoin ne réagisse généralement pas aux nouvelles du calendrier économique, certaines ont un impact sur cette crypto-monnaie. Par exemple, si un certain milliardaire dit qu'il va investir plus d'un milliard de dollars dans le bitcoin au cours des prochains mois, cela va probablement inciter d'autres investisseurs et c'est une bonne raison pour vous de vous y mettre aussi.

D'autre part, certains rapports indiquent que certains grands investisseurs se désintéressent des crypto-monnaies. Dans ce cas, il est peu probable qu'un reportage sur une seule personne modifie la valeur du bitcoin. L'astuce pour les nouveaux investisseurs en bitcoins est de rester informé des nouvelles à son sujet.

2 - Soyez technique

L'analyse technique et les données concrètes sont toujours utiles, surtout avant d'entrer aveuglément sur un nouveau marché. Cependant, les nouveaux investisseurs en bitcoins doivent faire attention à l'endroit où ils obtiennent leurs informations. Par exemple, bien qu'il existe de nombreux articles et sites web consacrés au trading de crypto-monnaies, on ne peut pas se fier à toutes ces sources.

D'autre part, il existe des plates-formes de négociation fiables comme Bitcoin Era qui non seulement fournissent à leurs clients une plate-forme fiable sur laquelle ils peuvent négocier des bitcoins, mais leur donnent également plus de ressources et de données techniques qui peuvent les instruire.

3 - Reconnaître la divergence de l'argent intelligent

Le terme "divergence d'argent intelligent" peut sembler étranger aux nouveaux investisseurs en bitcoins, mais il s'agit d'une excellente stratégie pour vous assurer de tirer le meilleur parti de votre investissement en bitcoins. De quoi s'agit-il ? Par exemple, lorsque le prix de l'Ethereum baisse ou monte au-dessus d'un point de résistance et que le Bitcoin ne fait pas de même, on appelle cela une divergence d'argent intelligent. Cela signifie que l'une des deux crypto-monnaies ne suit pas l'autre. Heureusement pour vous, il existe de nombreux guides de support et de résistance que les nouveaux investisseurs en bitcoins peuvent utiliser pour prendre de meilleures décisions de trading.

4 - Vous devez savoir quand conserver votre investissement

Le terme "holding" est assez explicite. Il s'agit de conserver votre investissement alors que le marché fluctue autour de vous. Cette stratégie peut sembler simple et elle l'est. Vendre lorsque le marché est dans un état positif peut être très intéressant.

Il est important de conserver votre investissement, surtout si vous n'avez pas acheté suffisamment. Les récents krachs du bitcoin et d'autres crypto-monnaies montrent que la détention est une bonne stratégie car elle vous donne le temps d'évaluer le marché et d'explorer vos options. Il existe de nombreux sites Web d'investissement et de négociation, mais vous devez choisir le bon et commencer votre voyage.

5 - Négocier en analyse technique

L'analyse technique peut également être une excellente source d'idées pour le trading du bitcoin. Nous ne recommandons pas le scalping ou, en d'autres termes, le trading pendant des périodes de temps plus courtes. Concentrez-vous davantage sur les intervalles de temps au-delà du premier semestre de l'année, car cela vous aidera à tirer le meilleur parti de ce marché.

Le bitcoin a tendance à suivre des tendances. La stratégie la plus prometteuse consiste à choisir un système de trading de tendance. Il peut être si facile de trader sur une moyenne mobile ou une combinaison de MA.

Prenez vos bénéfices lorsque le prix atteint l'EMA à 12 périodes. Placez un stop loss au-dessus du swing high. N'oubliez pas la gestion de l'argent. Faites le contraire et au lieu de vendre, achetez.

Conseil : négociez différentes crypto-monnaies

Pour minimiser vos risques et maximiser vos profits, diversifiez votre capital sur plusieurs d'entre eux. Les différentes crypto-monnaies ont des objectifs différents. Le bitcoin et le Litecoin, par exemple, agissent directement comme des monnaies. Ethereum est une plate-forme d'applications décentralisées, tandis que DASH se concentre sur le respect de la vie privée de ses utilisateurs. Ce sont toutes des crypto-monnaies dont la liquidité et la capitalisation boursière sont élevées et vous pouvez les négocier avec FBS. Il est conseillé de choisir des crypto-monnaies qui représentent différents secteurs : si l'une d'entre elles décroche la lune, soyez prêt !

La conclusion est simple : diversifiez, suivez l'actualité et utilisez l'analyse technique pour profiter des crypto-monnaies!

La meilleure stratégie de trading quotidien du Bitcoin 2021

Aujourd'hui, les crypto-monnaies influencent le monde financier au plus haut niveau. Aujourd'hui, de nombreuses personnes se tournent vers les crypto-monnaies pour leurs transactions et leurs investissements. Le trading et les investissements en bitcoin sont le meilleur exemple de trading de crypto-monnaies. Depuis la création du bitcoin, la valeur marchande du BTC ne s'est jamais stabilisée, peut-être uniquement en raison de la demande commerciale ou d'autres facteurs. Sa valeur change dans un laps de temps très court.

À quoi ressemble la stratégie de trading du bitcoin en 2021 ? Bien entendu, nous vous fournissons un guide pour la mise en œuvre d'une stratégie Bitcoin réussie. Vous comprendrez les avantages, comment négocier à faible risque et quels types de plate-formes sont utiles. Comme nous l'avons mentionné précédemment, la valeur du bitcoin n'est jamais stable, il est donc préférable d'effectuer des transactions ou des investissements sur une courte période. De cette façon, vous pouvez obtenir des variations de bénéfices plus importantes. Cela est évident dans la courte période pendant laquelle personne ne saura si le marché va monter ou descendre. Nous vous donnerons des conseils pour trouver la meilleure stratégie.

Choisissez une plate-forme de négociation fiable

Investir dans une stratégie de trading de crypto-monnaies n'est pas une bonne idée si vous ne trouvez pas de plate-forme fiable. Le type de plate-forme sur laquelle vous investissez déterminera les outils auxquels vous pouvez accéder pendant le trading. Nous vous recommandons de rechercher une plate-forme de négociation automatisée telle que Bitcoin Circuit (bitcoincircuit.biz).

Une plate-forme de trading de crypto-monnaies fiable présente également des frais de transaction faibles ou nuls. Personne ne veut perdre tous ses bénéfices en frais de transaction. Une plate-forme de trading automatisé utilise des algorithmes de trading basés sur l'intelligence artificielle pour trader automatiquement et générer des profits pour les utilisateurs. Les plate-formes de trading offrent une variété d'outils de trading que vous pouvez utiliser et bénéficier de multiples options. Grâce à la disponibilité des transactions en bitcoins 24 heures sur 24 et 7 jours sur 7, vous n'avez pas à vous soucier de la liquidité, car vous avez un accès plus rapide à vos gains.

Apprendre l'analyse fondamentale

Au moment de trader, votre analyse du marché des crypto-monnaies devra être mise en place. Pour analyser le marché, vous avez besoin d'un maximum de savoir-faire et d'expérience. L'analyse fondamentale consiste à étudier divers facteurs du marché tels que les nouvelles, les tendances et le développement des crypto-monnaies. Une fois que vous serez capable de lire attentivement ces graphiques, vous serez en mesure de prédire avec précision l'évolution du prix du bitcoin.

Grâce à vos connaissances et à votre expérience sur le marché des crypto-monnaies, vous continuerez à en apprendre davantage sur le trading, le bitcoin, le copy trading, les crypto-monnaies, le swing trading, le day trading et les indicateurs importants. L'analyse technique implique l'étude de la date du marché. Cela inclut l'analyse des modèles et des tendances du marché. Connaître les mouvements du marché des crypto-monnaies vous aidera à déterminer les prix futurs, à comprendre les risques et les rendements potentiels de votre investissement. Prendre des décisions quotidiennes plus éclairées en matière de trading vous aidera certainement à réaliser des bénéfices au cours de votre activité d'investissement en crypto-monnaies.

Psychologie du trading

Vous devez développer une stratégie de trading de crypto-monnaies solide et vous pouvez le faire en maîtrisant la psychologie derrière le trading. Vous devez chercher à comprendre comment les day traders et les investisseurs professionnels prennent leurs décisions d'investissement et exécutent leurs transactions. Soyez conscient des risques potentiels associés et des incitations éventuelles.

Avec l'aide de la psychologie du trading, vous serez certainement plus performant que les autres traders et maîtriserez le marché. Dès lors, vous pourrez maximiser vos profits et minimiser vos pertes.

La connaissance est le pouvoir

En plus de connaître les procédures de négociation de base, les day traders doivent se tenir au courant des dernières nouvelles et des événements du marché boursier qui affectent les actions : les plans de taux d'intérêt de la Fed, les perspectives économiques, etc.

Créez une liste d'actions à négocier et renseignez-vous sur les entreprises sélectionnées et les marchés en général. Consultez les actualités économiques et visitez des sites Internet financiers réputés.

Réserver des fonds

Évaluez le montant du capital que vous voulez risquer sur chaque transaction. De nombreux day traders prospères risquent moins de 1 à 2 % de leur compte par transaction. Si vous disposez d›un compte de trading de 40 000 $ et que vous êtes prêt à risquer 0,5 % de votre capital sur chaque transaction, votre perte maximale par transaction est de 200 $ (0,5 % * 40 000 $).

Mettez de côté des fonds excédentaires pour effectuer des transactions et, de cette façon, vous serez prêt à perdre. N'oubliez pas que cela peut se produire ou non.

Prenez votre temps

Le day trading prend du temps. C'est pourquoi on l'appelle le day trading. Vous devez renoncer à une grande partie de votre journée. N'y pensez pas lorsque vous êtes à court de temps.

Le processus exige que le trader suive les marchés et découvre les opportunités qui peuvent se présenter à tout moment pendant les heures de négociation. Agir rapidement est la clé.

Commencez petit

En tant que débutant, concentrez-vous sur un ou deux titres au maximum pendant une session. Il est plus facile de suivre et de trouver des opportunités avec seulement quelques actions. Ces derniers temps, il est de plus en plus courant de pouvoir négocier des fractions d'actions, ce qui permet de négocier de plus petits montants.

Cela dit, si l'action Apple se négocie à 250 dollars et que vous ne souhaitez acheter que 50 dollars, vous pouvez désormais acheter un cinquième d'action auprès de nombreux courtiers.

Évitez les actions à faible capitalisation

Vous êtes probablement à la recherche de bonnes affaires et de prix bas, mais restez à l'écart des penny stocks. Ces actions sont souvent illiquides et les chances de réaliser un bénéfice sont souvent minces.

De nombreuses actions qui se négocient à moins de 5 dollars l'unité ne sont plus cotées sur les grandes places boursières et ne sont négociables que de gré à gré (OTC). Si vous ne voyez pas de réelle possibilité et que vous avez fait vos recherches, restez à l'écart.

Le temps des échanges

De nombreux ordres passés par les investisseurs et les traders commencent à être exécutés dès l'ouverture des marchés le matin, ce qui accroît la volatilité des prix. Un joueur expérimenté peut être capable de repérer des modèles et de choisir en conséquence. Pour les débutants, il est préférable de lire le marché sans agir pendant au moins les 15 à 20 premières minutes.

Les heures intermédiaires sont généralement moins volatiles, puis le mouvement reprend vers la fermeture. Les heures de pointe offrent des opportunités, mais il est plus sûr pour les débutants de les éviter.

Réduire les pertes grâce aux ordres à cours limité

Décidez du type d'ordres que vous utiliserez pour entrer et sortir des transactions. Utilisez-vous des ordres au marché ou des ordres à cours limité ? Lorsque vous passez un ordre au marché, il sera exécuté au meilleur prix disponible, donc pas de garantie de prix.

Un ordre à cours limité, en revanche, garantit le prix, mais pas l'exécution. Les ordres à cours limité vous aident à négocier de manière plus précise en fixant votre propre prix (non pas irréaliste, mais exécutable) pour l'achat et la vente. Les day traders plus expérimentés peuvent également utiliser des stratégies pour couvrir leurs positions.

Soyez réaliste quant aux bénéfices

Une stratégie ne doit pas toujours être gagnante pour être rentable. De nombreux traders ne gagnent que 50 à 60 % de leurs transactions. Cependant, ils gagnent plus par leurs gains que par leurs pertes. Assurez-vous que le risque sur chaque transaction est limité à un certain pourcentage du compte et que les méthodes d'entrée et de sortie sont clairement définies et écrites.

Restez calme.

Il y a des moments où les marchés boursiers mettent vos nerfs à rude épreuve. En tant que day trader, vous devez apprendre à tenir à distance la cupidité, l'espoir et la peur. Les décisions doivent être guidées par la logique, et non par les émotions.

S'en tenir au plan

Les traders qui réussissent doivent agir rapidement, mais ils n'ont pas besoin de penser rapidement. Comment cela se fait-il ? Parce qu'ils ont développé une stratégie commerciale à l'avance, ainsi que la discipline nécessaire pour adhérer à cette stratégie. Il est important de suivre de près votre plan plutôt que d'essayer de suivre les bénéfices. Ne laissez pas vos émotions vous rendre impuissant. Il existe un mantra parmi les day traders qui dit : "Planifiez votre transaction et exécutez votre plan."

Qu'est-ce qui rend le day trading difficile ?

Le day trading exige beaucoup de pratique et de compétences, et plusieurs facteurs peuvent rendre le processus difficile.

Tout d'abord, vous devez savoir que vous avez affaire à des professionnels dont la carrière tourne autour du trading. Ces personnes ont accès à la meilleure technologie et aux meilleures connexions du secteur, de sorte que même en cas d'échec, elles peuvent réussir. Si tu sautes dans le train en marche, cela signifie plus de profits pour eux.

N'oubliez pas que vous devez payer un impôt marginal sur tout gain ou investissement à court terme que vous détenez pendant un an ou moins. La seule réserve est que vos pertes compenseront vos gains.

En tant qu'investisseur individuel, vous pouvez être sujet à des préjugés émotionnels et psychologiques. Les traders professionnels sont généralement capables de les supprimer de leurs stratégies de trading, mais lorsqu'il s'agit de leur propre capital, les choses sont différentes.

Les moyens de gagner un revenu passif avec les crypto-monnaies

Crypto-monnaies

Investir de manière intelligente

Quelles sont les meilleures façons de gagner des revenus résiduels et des intérêts avec les crypto-monnaies ? Nous vous donnerons les meilleurs conseils pour commencer à gagner de l'argent dès maintenant.

Gagner de l'argent à partir de plusieurs sources en plus de votre salaire peut faire une énorme différence, non seulement pour votre revenu mensuel, mais aussi pour votre sécurité financière. Les revenus passifs peuvent vous donner plus de temps pour vous consacrer à vos loisirs, ou si vous avez besoin de prendre des congés pour vous concentrer sur votre santé.

On ne sait jamais quand on peut perdre son emploi ou avoir envie de voyager et de faire une pause.

Cela dit, le revenu passif n'est pas vraiment passif. Qu'il s'agisse d'une propriété locative, de la création d'un blog ou d'un investissement en actions, vous devrez consacrer du temps (et probablement de l'argent) à vos flux de revenus passifs.

Le revenu passif signifie simplement que vous n'échangez pas votre temps contre de l'argent.

C'est tellement excitant de voir un tout nouveau système financier se construire sous nos yeux ! Le monde des crypto-monnaies est au milieu d'une explosion cambrienne. Des capitaux, des technologies et des personnes du monde entier apparaissent à gauche et à droite sur le marché.

Ces dernières années, les options de rendement des investisseurs ont évolué, passant de la vieille stratégie HODL (hold on for Dear Life) à un fatras de choix. Avec plus de choix, il y a plus d'options pour gagner de l'argent en ligne.

Cependant, il est important de se rappeler que si vous ne disposez pas des clés privées de vos crypto-monnaies, celles-ci peuvent être sujettes au vol et à la fraude. Ne misez que les crypto-monnaies que vous êtes prêt à risquer sur des plate-formes qui versent des intérêts.

Avis de non-responsabilité : ces informations ne doivent pas être interprétées comme des conseils financiers, une approbation des crypto-monnaies ou de tout fournisseur, service ou offre particulier.

Qu'est-ce qu'un revenu passif ?

L'approche du revenu passif crée des flux de revenus qui rapportent au fil du temps. Il s'agit généralement de travaux peu coûteux et générateurs de revenus à long terme.

Toutes les formes de revenus passifs ne sont pas les mêmes. Lorsque vous décidez dans lequel investir, tenez compte de ces six caractéristiques :

- Coûts initiaux
- Coûts permanents
- Méthodes de mise en place
- Nombre moyen d'heures par semaine
- Risque
- Facilité de gestion

Voyons quelles sont les opportunités de revenus passifs disponibles dans l'espace cryptographique. N'oubliez pas que plus de sources de revenus signifie plus d'opportunités.

PRÊT

Pour gagner des intérêts sur les crypto-monnaies, les plate-formes de prêt sont une excellente option. Ils sont vraiment faciles à mettre en place et à suivre. Mettez votre crypto-monnaie au travail et commencez à gagner de l'argent en ligne. De nombreuses crypto-monnaies populaires telles que BTC, ETH et DASH peuvent être empruntées pour réaliser des bénéfices. Vous abandonnez vos pièces pendant un certain temps et gagnez un certain taux de rendement égal au taux d'intérêt qu'une banque paie sur l'utilisation de votre argent. Comme toute plate-forme de prêt, cette méthode comporte des risques lorsque vous remettez votre crypto-monnaie à une plate-forme centralisée. L'entreprise risque de faire faillite ou d'être piratée. Veillez également à faire preuve de diligence raisonnable à l'égard des entreprises, car il y a eu des cas de fraude où des entreprises ont disparu du jour au lendemain.

Plusieurs options de crédit sont disponibles :

Services de crédit automatisés (ou bots) - Coinlend ou Cryptolend

Programmes d'échange - Bitrue

Prêt de pair à pair - Ethlend

Services financiers standards - Crypto.com, Gemini ou Celsius Network

Services financiers décentralisés - Composé

Financement sur les bourses - Bitfinex, Poloniex ou Bitmex

PLUS D'INFOS SUR LE CELSIUS

Celsius est une application pour téléphone qui vous permet d'envoyer facilement vos crypto-monnaies et de percevoir des intérêts sur celles-ci. Chaque semaine, il vous enverra une notification indiquant le montant des intérêts que vous avez gagnés cette semaine-là. Vous pouvez également emprunter vos crypto-monnaies. L'utilisation de l'application est gratuite. Vous pouvez gagner jusqu'à 10 % avec plus de 15 crypto-monnaies différentes, dont le Bitcoin, le Litecoin, l'Ethereum, le Ripple, l'OmiseGo et l'Ox.

PLUS D'INFOS SUR CRYPTO.COM

Crypto.com est une application de portefeuille téléphonique qui permet d'envoyer et de recevoir facilement des crypto-monnaies. Vous pouvez également gagner des intérêts sur les pièces de Crypto.com, les MCO, ainsi que sur les BTC, ETH, XRP et autres crypto-monnaies populaires en les investissant sur une période donnée. Vous pouvez gagner jusqu'à 6 % sur vos crypto-monnaies en les laissant simplement dans votre portefeuille. La caractéristique de Crypto.com est la carte VISA cryptée. Vous pouvez obtenir une carte VISA cryptographique physique assortie de récompenses intéressantes, comme l'accès aux salons d'aéroport et des réductions sur vos abonnements Spotify et Netflix.

EN SAVOIR PLUS SUR LES GÉMEAUX

Gemini est une plate-forme et un portefeuille de crypto-monnaies. Si vous commencez tout juste à acheter et à vendre des crypto-monnaies, nous vous recommandons d'utiliser Gemini - il est super facile à utiliser et vous pouvez relier votre compte bancaire pour des échanges rapides et pratiques. Si vous souhaitez acheter régulièrement une certaine quantité de crypto-monnaies, vous pouvez configurer des achats automatiques.

Gemini a récemment lancé Gemini Earn, que vous pouvez utiliser pour gagner des intérêts sur vos crypto-monnaies. Vous pouvez gagner entre 3 % et plus de 7 % sur les crypto-monnaies telles que le bitcoin, l'ethereum et le Litecoin.

STAKING

Ces méthodes peuvent devenir un peu techniques, il est donc préférable que vous ayez une expérience préalable des crypto-monnaies. Les stratégies de revenus passifs de cette catégorie exigent un certain niveau de connaissances en matière de négociation et de marché.

Le jalonnement nécessite l'achat de certaines crypto-monnaies qui sont exécutées sur un test de jalonnement ou un algorithme de consensus PoS. Contrairement au minage, ceux qui possèdent des pièces peuvent en prêter au réseau, qui les utilise pour valider les transactions. Plus vous prêtez de pièces, plus le réseau vous récompense.

Les pièces à enjeu les plus populaires sont :

- Vawes
- Dash
- NEO
- PIVX
- Navcoin
- Couches
- Komodo

Le jalonnement est un véritable moyen de générer des revenus passifs. Vous stockez des pièces dans un porte-monnaie électronique, défendez le réseau et gagnez des dividendes ou des intérêts. Attention, toutefois : les rendements peuvent varier et vous ne serez peut-être pas payé sur la même pièce que vous avez misé.

ÉCHANGE DE DIVIDENDES

Semblable au staking, un crypto-dividende est une récompense pour le prêt d'un jeton. Les jetons sont des crypto-monnaies qui alimentent les échanges. Les bourses ont généralement leurs propres jetons. Les détenteurs de jetons peuvent utiliser les jetons utilisés par la bourse, ce qui, comme un véritable dividende, donne droit à une part des bénéfices de la bourse.

Les échanges populaires et leurs jetons :

Bourse BitMax et jetons BTMX

Échange de KuCoin et partage de KuCoin (KCS)

Bien sûr, investir dans les échanges au début peut être très risqué. En outre, la valeur des jetons d'échange pourrait facilement tomber à zéro.

PRÊTS SALÉS

Bien qu'il ne s'agisse pas nécessairement d'une stratégie d'investissement passive, Salt Lending vous permet d'emprunter vos crypto-actifs. Vous prenez l'argent et le réinvestissez ailleurs. Il s'agit d'un risque élevé qui nécessite un engagement sérieux, car votre investissement peut facilement être liquidé.

Options de revenus passifs pour les experts en technologie

Pour ceux d'entre vous qui sont plus férus de technologie, cette section est faite pour vous. Gagnez un revenu résiduel en utilisant vos compétences techniques (et matérielles).

MINING

Depuis la création du BTC, les mineurs ont travaillé dur pour générer un revenu (relativement) passif. Bien sûr, cela demande beaucoup de matériel, beaucoup d'énergie et un certain savoir-faire technique.

En bref, les mineurs exploitent le réseau de crypto-monnaies comme le bitcoin. Les mineurs testent les blocs du réseau et sont sporadiquement récompensés pour avoir résolu des équations mathématiques complexes. Toutes les pièces ne peuvent pas être extraites et certaines ont plus de valeur que d'autres.

MASTERNODE

Un masternode est un portefeuille d'ordinateurs qui héberge une copie complète du réseau. Il s'agit d'un support important pour une crypto-monnaie. DASH est une monnaie incluse dans le masternode, tout comme Energi (NRG).

Les masternodes, bien que moins chers que le minage, sont difficiles à mettre en place, coûteux et demandent beaucoup de travail. Cela dit, un masternode peut être une opportunité de revenu passif.

LOUEZ VOTRE CONNEXION

C'est en fait très facile à mettre en place et c'est l'un des moyens les plus simples de générer des revenus passifs grâce aux crypto-monnaies.

Theta révolutionne le secteur du streaming vidéo en direct, qui comprend le sport, un domaine en pleine expansion. Le réseau Theta augmente la vitesse et la qualité des réseaux vidéo et compte quelques membres de l'équipe et partenaires de premier plan, dont Google, Samsung, les cofondateurs de YouTube et Twitch.

Vous pouvez gagner des jetons Theta Fuel en „louant" la bande passante excédentaire de votre ordinateur. Il vous suffit de télécharger le nœud Edge ou Guardian, de créer un portefeuille et d'allumer le nœud.

Pour qu'un nœud gardien fonctionne, vous devez contenir et distribuer un certain nombre de jetons Thêta, mais le nœud Edge ne nécessite pas de déconnexion.

Pour commencer à utiliser un nœud Theta Fuel Edge, visitez le site Web de Theta Token, faites défiler la carte jusqu'en bas et téléchargez le nœud.

BOTS DE TRADING

Un robot de trading de crypto-monnaies tel que Gunbot peut être utilisé pour acheter et vendre automatiquement des crypto-monnaies en fonction du prix ou d'autres indicateurs de marché.

Généralement plus chronophage que le trading normal, un robot de trading a le potentiel d'être une source passive de revenus, surtout s'il est configuré correctement. Ce n'est pas pour les timides, car une erreur dans les paramètres du robot peut entraîner des problèmes de portefeuille.

ARBITRAGE

Les bots d'arbitrage sont une combinaison de savoir-faire financier et de compétences techniques et exploitent la différence entre l'écart entre l'offre et la demande sur les marchés boursiers. Vous pouvez certes le faire vous-même, mais cela demande beaucoup de travail pratique et n'est pas vraiment passif.

Des stratégies plus adaptées

Les stratégies de revenu passif précédentes nécessitent un certain effort ou un investissement. Vous devez sortir de votre zone de confort et faire des efforts. Cependant, de nombreux gains sont le fruit de la chance ; parfois, vous vous trouvez au bon endroit au bon moment.

AIRDROP

Les pièces sont placées dans votre portefeuille par le biais d'un échange. De nouvelles peuvent également être créées. Attention aux parachutages.

Les airdrops se produisent lorsqu'une crypto-monnaie nécessite une mise à jour logicielle qui crée deux versions de la monnaie. Le Bitcoin Cash en est un exemple. Les propriétaires de la pièce reçoivent des copies égales de la nouvelle et de l'ancienne version.

Burns et rachats : cela se produit lorsque le créateur de la crypto-monnaie veut créer de la rareté. Il achète la pièce et la place dans un portefeuille inaccessible.

TOKENS DE RÉCOMPENSE

Qui n'aime pas recevoir quelque chose gratuitement ? Certaines crypto-monnaies ne nécessitent que la détention de jetons. Ce sont :

- NEO
- VeChain
- Ontologie
- Autres options

Ces portails peuvent demander plus de travail et ne pas être rentables, mais ils offrent certainement des opportunités intéressantes s'ils se développent.

COLLECTE

C'est exact, vous pouvez collecter des crypto-monnaies afin de les conserver ou de les revendre ultérieurement.

Cela pourrait être la prochaine mode pour les investisseurs. À cet égard, Cryptokitties et KittyVerse continuent de gagner en popularité.

COMMENCER EN TOUTE SIMPLICITÉ

Vous ne possédez pas de crypto-monnaies et vous voulez gagner des crypto-monnaies en ligne ? Vous pourriez essayer Lolli. Lolli est conçu pour diffuser les bitcoins dans le monde entier et vous permet d'obtenir des bitcoins chaque fois que vous effectuez des achats en ligne chez certains commerçants.

CLOUD MINING

Si vous ne pouvez pas vous engager dans une installation minière physique, vous pouvez participer à l'exploitation minière en nuage. Il existe des entreprises qui investissent des fonds non physiques pour gagner de l'argent dans des fonds physiques. S'il y a des incitations, vous recevrez une part des crypto-monnaies concernées.

Le processus est extrêmement simple et l'investissement initial est inférieur à celui de l'exploitation minière traditionnelle. Cependant, il est important de noter que vous n'obtenez pas un rendement aussi élevé que vous le souhaiteriez. En outre, de nombreux mineurs en nuage se sont révélés être des escrocs et cela peut ne pas être une bonne affaire pour certains investisseurs.

Cependant, il existe des mineurs de nuages honnêtes. La plate-forme de cloud mining de StormGain est un excellent service de cloud mining. La plate-forme vous permet de miner sans équipement minier, sans batterie ni unité centrale. C'est rapide et peu risqué.

JEUX

Cela peut paraître étrange, mais il est tout à fait possible de générer des revenus passifs en jouant à des jeux. Vous pouvez le faire en jouant sur le réseau blockchain d'Ethereum et d'autres réseaux de soutien aux applications. Il existe un certain nombre de jeux qui nécessitent un petit investissement, en utilisant une monnaie pour en augmenter la valeur, puis en la revendant.

Bien que cela demande un certain effort, on pourrait dire que c'est amusant et facile et que l'argent généré est passif. Il n'est pas nécessaire d'investir plus d'argent pour en gagner : il suffit d'un premier investissement. Avec certains jeux, vous n'avez pas besoin d'essayer du tout et la ressource se développe d'elle-même. Faites quelques recherches pour trouver l'application basée sur la blockchain qui vous convient. Vous pourrez gagner de l'argent pendant votre temps libre.

Quels autres facteurs influencent les revenus passifs ?

Bien que les méthodes énumérées ci-dessus soient toutes d'excellents moyens de générer des revenus passifs à partir de crypto-monnaies, il existe des aspects supplémentaires qui affecteront vos ventes potentielles. Beaucoup sont hors de votre contrôle, mais vous pouvez tout de même les essayer pour maximiser vos récompenses.

- Risque
- Réinvestissement
- Accessibilité
- Difficulté
- Achèvement

Vous connaissez maintenant une variété de méthodes supplémentaires pour générer des revenus passifs en crypto-monnaies. Peut-être une ou plusieurs de ces méthodes vous conviendront-elles. Se lancer n'est peut-être pas la chose la plus facile au monde, mais pour la plupart des gens, cela en vaut la peine.

Prenez le temps d'examiner vos finances et de choisir la technique qui vous convient le mieux. Prévoyez votre argent pour commencer par l'exploitation minière ou le jalonnement, par exemple.

Il n'y a pas de mauvais départ et n'oubliez pas que les meilleurs spécialistes des revenus passifs gagnent de l'argent à partir de sources multiples. Bonne chance !

Bonus:
Instructions pour les débutants pour générer des profits avec les crypto-monnaies.

Crypto-monnaies

Investir de manière intelligente

De plus en plus de personnes tombent entre les mains d'escrocs et de faux systèmes d'investissement en crypto-monnaies, il est donc important d'apprendre la bonne façon de faire et d'augmenter les profits de ces types d'échanges. En fait, la plupart des gens ne connaissent que la façon la plus simple de gagner de l'argent : leBitcoin est acheté à un certain prix, conservé pendant un certain temps et finalement vendu à un prix plus élevé. La vérité est qu'il existe une poignée d'autres moyens secrets d'augmenter vos revenus.

Vous avez peut-être déjà réfléchi à ces autres options et êtes impatient de les explorer. Ne vous inquiétez pas : voici une liste de moyens secrets pour gagner plus de votre investissement en crypto-monnaies. Ce sont des stratégies de gain moins populaires, moins utilisées, mais très rentables. Alors, sans plus attendre, passons-les en revue.

1 - Profitez des programmes d'affiliation

Beaucoup de gens savent comment fonctionnent les programmes d'affiliation, mais peu savent qu'ils sont également disponibles dans le monde des crypto-monnaies. Les programmes d'affiliation vous récompensent si vous faites une chose : diriger des clients vers leur entreprise.

Cela signifie que plus vous informerez de personnes, plus votre récompense sera élevée.

Lorsque vous vous inscrivez à un programme d'affiliation en crypto-monnaies, vous serez très probablement payé en bitcoins. Cette méthode pour gagner de l'argent est particulièrement utile pour les personnes qui possèdent des blogs, gèrent des chaînes YouTube ou ont beaucoup d'adeptes sur les médias sociaux. Il y a beaucoup de gens qui cherchent des bitcoins. Au lieu de devoir expliquer la même chose une douzaine de fois, vous pouvez diriger ces potentielles crypto downlines vers votre site Web, votre chaîne YouTube ou votre page de médias sociaux. Lorsque vos adeptes auront appris les bases et seront prêts à entamer leur voyage dans le monde de la crypto, ils cliqueront probablement sur l'un de vos liens d'affiliation, ce qui signifie plus de bitcoins pour vous - une situation gagnant-gagnant.

Même si vous n'avez pas de blog ou de chaîne YouTube, vous pouvez bénéficier des programmes d'affiliation. Vous pouvez facilement partager vos liens d'affiliation avec votre famille, vos amis et toute personne désireuse de devenir un trader de crypto-monnaie. En un rien de temps, vous verrez vos gains provenant des commissions d'affiliation augmenter.

2 - Devenir actif dans le secteur des crypto-monnaies

Comme dans n'importe quelle autre industrie, il y a des personnes dans l'industrie des crypto-monnaies qui sont activement impliquées dans le côté technique. Un moyen viable de multiplier les revenus issus des crypto-monnaies est de s'impliquer également dans l'aspect technique. Cela va au-delà des tactiques de trading à long terme ou à court terme : il s'agit d'en apprendre davantage sur les processus liés aux crypto-monnaies, de comprendre le fonctionnement de la technologie blockchain, de faire des recherches sur l'économie des crypto-monnaies et d'autres domaines techniques du secteur.

Bien que le processus d'apprentissage soit long, l'autodiscipline et la création d'un bon réseau de connexions dans l'espace cryptographique sont essentielles. Il y a un besoin énorme et toujours croissant d'experts dans le secteur des crypto-monnaies pour fournir des conseils financiers et techniques. Vos connaissances du secteur sont donc très demandées et peuvent ajouter plus de 100 000 dollars en bitcoins à votre salaire. Vous voulez savoir ce qui est encore plus fascinant ? La plupart de ces emplois sont à distance, de sorte que vous pouvez les exercer de n'importe où dans le monde.

3 - Essayez le day trading

La compréhension du trading de crypto-monnaies semble être basée sur l'achat et la conservation pendant une longue période de temps après la hausse des prix. C'est l'un des moyens les plus faciles d'être rentable. Mais que se passe-t-il si vous entendez dire qu'il y a d'autres personnes qui gagnent des centaines, voire des milliers de dollars avec le day trading ? Eh bien, si vous ne l'étiez pas avant, vous êtes maintenant au courant. Il convient de noter qu'il existe de nombreux risques associés au day trading, mais la réalité est qu'il y a aussi de nombreux avantages. Le day trading implique diverses stratégies telles que la vente à découvert de bitcoins, le trading à effet de levier, etc. Pour minimiser les risques, nous vous recommandons d'apprendre les bases afin de devenir un trader rentable et de développer un état d'esprit de réussite.

De même, ne négociez pas plus que ce que vous pouvez vous permettre de perdre. Au fil du temps, vos compétences en matière de négociation s'amélioreront et vous serez en mesure de mieux analyser le marché. Par conséquent, vos bénéfices tirés des crypto-monnaies augmenteront considérablement.

4 - Mines

Chaque jour qui passe, le minage de bitcoins devient de plus en plus populaire. En contrepartie de leur contribution inestimable au réseau, les „mineurs" reçoivent des „bonus de bloc", terme technique désignant les bonus de pièces. Si vous êtes prêt à consentir un effort financier, l'exploitation minière peut vous aider à faire grimper vos profits en flèche en un rien de temps. Pour miner et exploiter le bitcoin (et de nombreuses autres crypto-monnaies), vous avez besoin de plate-formes de minage. Ces plates-formes coûtent des milliers de dollars, sans compter votre facture d'électricité. Si vous investissez correctement, vous pouvez être sûr de récupérer votre argent et de vous enrichir davantage.

5 - Réaliser des micro-activités

Les particuliers et les plate-formes de crypto-monnaies sont prêts à vous payer pour les aider à effectuer des micro-tâches. Si vous avez un peu de temps libre, l'exécution de ces micro-tâches peut être un excellent moyen de gagner des bitcoins. Ces activités couvrent une variété de domaines, notamment le test d'applications, le fait de cliquer sur des liens, la visualisation de publicités, la participation à des enquêtes, le visionnage de vidéos, etc. Les plate-formes qui proposent ces activités sont par exemple Bitcoins Rewards et Coinbucks.

6 - Gagnez de l'argent grâce à vos compétences

Avez-vous des compétences numériques qui sont très demandées ? Il est alors temps de commencer à augmenter vos gains, car les sociétés de crypto-monnaies vous recherchent. Que vous soyez créateur de contenu, spécialiste du marketing numérique, développeur web ou analyste de données, il y a toujours une tâche à accomplir. Vous devez simplement vous assurer que vous avez la solution parfaite pour leurs besoins. Votre expérience dans le domaine de la cryptographie vous sera utile. La plupart des tâches sont effectuées à distance, ce qui vous permet d'organiser votre temps et votre lieu de travail de manière flexible.

7 - Conseils en crypto-monnaies

L'un des moyens les plus efficaces de gagner de l'argent avec des bitcoins est d'aider d'autres personnes et de recevoir de l'argent de leur part. Vous pouvez utiliser une plate-forme appelée Bitfortip : c'est comme recevoir un pourboire, mais sous forme de crypto-monnaie.

Vous aidez d'autres personnes à effectuer diverses tâches en ligne et elles peuvent vous donner une petite rémunération en bitcoins en échange. Ces tâches peuvent consister à répondre à des questions techniques, à promouvoir des produits ou des services, à diffuser des jeux vidéo, à trouver des vêtements adaptés et bien d'autres activités encore.

Il existe de nombreuses plate-formes qui proposent des „astuces" en crypto-monnaies ; il suffit de les consulter.

8 - Forum Bitcointalk

Bitcointalk est une plate-forme créée par Satoshi Nakamoto, le fondateur de la crypto-monnaie et du bitcoin. C'est l'un des forums les plus anciens et les plus reconnus de la crypto-sphère et il est utilisé par des personnes généreuses.

Si vous êtes actif et que vous suivez assidûment le forum Bitcointalk, vous pouvez même être payé pour chaque message que vous publiez. Si vous êtes payé pour vos posts, votre signature sera également sponsorisée. Remarquable !

9 - Primes aux bugs

Les incitations offertes par diverses organisations et développeurs de logiciels pour trouver des problèmes techniques ou d'autres faiblesses dans leurs systèmes sont une excellente source de revenus et peuvent augmenter vos revenus. Tout d'abord, ils vous récompensent pour la maintenance de leurs systèmes. Ils peuvent également vous donner des bitcoins pour les rendre plus conviviaux pour leurs clients.

Les principes de base à suivre pour investir dans le monde du bitcoin :

- Faites des recherches approfondies
- Analyser le marché
- Anticipez tous vos risques et choisissez une méthode qui répond à tous vos besoins
- Ne mettez jamais tous vos œufs dans le même panier

Le bitcoin ne vaut votre temps et votre investissement que si vous suivez ses principes de base et ne prenez pas de risques que vous ne pouvez pas vous permettre. Dans le monde du bitcoin, des personnes ont réalisé d'immenses gains, mais d'autres ont subi d'énormes pertes. Évidemment, vous préférerez entrer dans la première catégorie de personnes, celles qui font de gros bénéfices. Pour cela, vous devez être patient et prudent car vous vous aventurez sur un marché volatile.

Comment fonctionne l'exploitation minière: tout ce que vous devez savoir

Crypto-monnaies

Investir de manière intelligente

Le minage est le processus de création de blocs valides qui ajoutent des enregistrements de transactions au grand livre public de Bitcoin (BTC), appelé la blockchain. Il s'agit d'un élément essentiel du réseau Bitcoin, car il résout le problème dit de la "double dépense".

Le problème de la double dépense concerne la nécessité de trouver un consensus dans un historique de transactions. La propriété du bitcoin peut être prouvée mathématiquement par la cryptographie à clé publique, qui ne peut être piratée avec la technologie actuelle. Toutefois, la cryptographie ne peut à elle seule garantir qu'une pièce particulière n'a pas été envoyée précédemment à une autre personne. Pour créer un historique commun des transactions, il faut un ordre convenu basé, par exemple, sur le moment où chaque transaction a été créée. Cependant, toute entrée externe peut être manipulée par celui qui la fournit, les participants doivent donc faire confiance à ce tiers.

Le minage (et la blockchain en général) utilise des incitations économiques pour fournir un moyen fiable de commander des données. Les tiers qui commandent les transactions sont décentralisés et reçoivent des récompenses monétaires pour chaque action correcte. En revanche, tout acte répréhensible entraîne une perte de ressources économiques, du moins tant que la majorité reste honnête.

Dans le cas du minage du bitcoin, cela se fait en créant une séquence de blocs. En utilisant certaines ressources, on peut prouver mathématiquement qu'ils ont été empilés dans le bon ordre. Le processus dépend des propriétés mathématiques d'un hachage cryptographique, une façon de coder les données de manière standardisée.

Les hachages sont un outil cryptographique à sens unique, ce qui signifie qu'il est presque impossible de les décrypter dans les données d'entrée, à moins de tester toutes les combinaisons possibles, jusqu'à ce que le résultat corresponde au hachage spécifié.

C'est ce que font les "mineurs" de bitcoins : ils parcourent des trillions de hachages chaque seconde jusqu'à ce qu'ils en trouvent un qui réponde à une condition appelée "difficulté". La difficulté et le hachage sont tous deux de très grands nombres exprimés en bits, de sorte que la condition exige simplement que le hachage soit inférieur à la difficulté.

Le hachage généré par les mineurs est utilisé comme un identifiant pour un bloc spécifique et se compose des données trouvées dans l'en-tête du bloc. Les principaux composants du hachage sont la racine de Merkle - un autre hachage agrégé qui encapsule les signatures de toutes les transactions de ce bloc - et le hachage unique du bloc précédent.

Cela signifie qu'en changeant même le plus petit composant d'un bloc, cela modifierait considérablement son hachage attendu et celui de chaque bloc suivant. Les nœuds rejetteraient immédiatement cette version incorrecte de la blockchain et protégeraient le réseau contre toute manipulation.

Grâce à l'exigence de difficulté, le système garantit que les mineurs de bitcoins effectuent un travail réel : le temps et l'énergie passés à hacher les combinaisons possibles. Pour cette raison, le protocole de consensus du Bitcoin est appelé "preuve de travail", afin de pouvoir le distinguer des autres types de mécanismes de blocage. Pour attaquer le réseau, les entités malveillantes n'ont d'autre choix que de rétablir toute la puissance minière. Pour le bitcoin, cela coûterait des milliards de dollars.

Comment les mineurs sont payés

Le réseau récompense le travail des mineurs qui sont capables de générer de nouveaux blocs. Il existe deux types de récompenses : les bitcoins pour chaque bloc et les commissions versées par les utilisateurs pour les transactions sur le réseau. La récompense du bloc s'élève à 6,25 BTC à partir de mai 2020 et constitue la majorité des revenus des mineurs. Il est prévu que cette valeur soit divisée par deux à intervalles fixes d'environ quatre ans, de sorte qu'à un moment donné, plus aucun bitcoin ne soit extrait et que seuls les frais de transaction assurent la sécurité du réseau.

En 2040, la récompense du bloc sera réduite à moins de 0,2 BTC et il ne restera que 80 000 des 21 millions de bitcoins. L'exploitation minière ne prendra effectivement fin qu'après 2140.

Calendrier des livraisons futures de Bitcoin

Bien que la récompense diminue au fil du temps, les gains compensent cette baisse. Bien que cela ne constitue pas une garantie de résultats futurs, les mineurs de bitcoins bénéficient d'un niveau de certitude relatif quant à leurs perspectives d'avenir. La communauté est très favorable à l'arrangement minier actuel et n'a pas l'intention de le supprimer progressivement comme l'Ethereum, une autre grande monnaie minable. Si les conditions sont bonnes, les mineurs de bitcoins individuels peuvent être sûrs que l'entreprise fera des bénéfices.

Bien que l'exploitation minière soit un secteur compétitif, il est relativement facile de se lancer. Dans les premières années du bitcoin, les mineurs pouvaient simplement exécuter un logiciel sur leur ordinateur et commencer immédiatement. Cette époque est révolue, mais la mise en place d'un programme minier dédié n'est pas aussi difficile qu'il n'y paraît à première vue.

Choisir le matériel minier

La première chose à garder à l'esprit est que pour le minage de Bitcoin, vous pouvez acheter un matériel dédié, communément appelé ASIC.

Ce matériel ne peut extraire que des bitcoins, mais il est très efficace. En fait, il est si efficace que son introduction vers 2013 a rendu obsolètes, presque du jour au lendemain, tous les autres types de dispositifs de minage.

Si vous voulez miner avec des processeurs, des GPU ou des FPGA plus avancés, vous devrez envisager d'autres crypto.monnaies. Bien que ces appareils puissent également extraire des bitcoins, ils le font si lentement que c'est une perte de temps et d'électricité. À titre de référence, le meilleur matériel disponible juste avant l'avènement des ASIC, l'AMD 7970, produisait 800 millions de hachages par seconde. Un ASIC moyen produit aujourd'hui 100 trillions de hachages par seconde, soit une différence de 125 000 hachages.

Le nombre de hachages produits en une seconde est communément appelé „taux de hachage" et constitue une mesure importante des performances des dispositifs de minage.

Deux autres facteurs principaux doivent être pris en compte lors de l'achat d'un dispositif d'exploitation minière : le premier est la consommation d'énergie, mesurée en watts. Entre deux appareils qui produisent le même nombre de hachages, celui qui consomme le moins d'énergie est plus rentable.

Le deuxième facteur est le coût unitaire par appareil. Il ne sert à rien d'avoir l'ASIC le plus économe en énergie du monde s'il faut 10 ans pour l'exploiter.

Le bitcoin dispose d'un écosystème assez dynamique de fabricants d'ASIC, qui diffèrent souvent sur ces deux paramètres. Certains peuvent produire des ASIC plus efficaces mais aussi plus chers, tandis que d'autres produisent du matériel moins puissant à un prix moins élevé. Avant d'analyser quel appareil est le plus adapté à vos besoins, il est important de comprendre les autres facteurs qui influencent les bénéfices du minage de bitcoins.

La rentabilité de l'exploitation minière

Comme l'immobilier, le minage de bitcoins est une question d'emplacement.

Les prix moyens de l'électricité varient selon les endroits du monde. Dans de nombreux pays industrialisés, l'électricité produite par les bâtiments résidentiels est souvent trop chère pour que l'exploitation minière soit financièrement viable. Le prix de l'électricité étant souvent compris entre 15 et 25 cents par kilowattheure, le minage de bitcoins dans les zones résidentielles devient trop élevé pour rester rentable à long terme.

Les mineurs professionnels de bitcoins effectuent souvent leurs opérations dans des pays où l'électricité est très bon marché. Il s'agit notamment de la région du Sichuan en Chine, de l'Islande, de la région d'Irkutsk en Russie et de certaines régions des États-Unis et du Canada. Ces régions disposent généralement d'une forme de production locale d'électricité à faible coût, comme des centrales hydroélectriques.

Les prix sont souvent inférieurs à 6 cents par KWh, ce qui est suffisamment bas pour réaliser un bénéfice, même lorsque le marché peut baisser.

En général, les prix inférieurs à 10 cents sont recommandés pour des opérations stables. Trouver le bon endroit pour l'exploitation minière est largement déterminé par les circonstances. Les personnes vivant dans les pays en développement peuvent ne pas avoir à aller plus loin que chez elles, tandis que les personnes vivant dans les pays développés sont susceptibles de rencontrer plus d'obstacles.

Outre le choix du matériel, les bénéfices et les revenus d'un mineur individuel dépendent fortement des conditions du marché et de la présence d'autres mineurs. Pendant les marchés haussiers, le prix du bitcoin peut augmenter, ce qui incite ceux d'entre eux à extraire du bitcoin pour obtenir plus de valeur.

Toutefois, les flux positifs provenant des marchés haussiers sont compensés par le fait que d'autres mineurs de bitcoins voient leurs bénéfices augmenter et achètent davantage d'équipements pour exploiter cette source de revenus. Le résultat est que chaque mineur individuel génère désormais moins de BTC qu'auparavant. Finalement, les revenus générés tendent à atteindre un point d'équilibre où les mineurs les moins efficaces commencent à gagner moins que ce qu'ils dépensent en électricité, ce qui permet aux autres de gagner plus de bitcoins.

En général, cela ne se produit pas immédiatement. Il peut parfois y avoir un retard, car les ASIC ne peuvent être produits assez rapidement pour compenser l'augmentation du prix du bitcoin.

Dans un marché baissier, c'est le principe inverse qui s'applique : les revenus sont réduits jusqu'à ce que les mineurs commencent à éteindre leurs appareils.

Pour ne pas être dépassés, les mineurs doivent trouver une combinaison gagnante de position et de matériel qui leur permette de conserver leur avantage. Ils doivent aussi constamment maintenir et réinvestir leur capital, car un matériel plus efficace peut limiter complètement les profits des mineurs plus anciens.

Achat et configuration du matériel

Il existe plusieurs magasins qui vendent du matériel aux particuliers, tandis que certains fabricants autorisent également les achats directs. Bien qu'ils soient plus difficiles à obtenir que les cartes graphiques traditionnelles, il est toujours possible pour quiconque d'acheter un ASIC à un prix acceptable. Il convient de noter que l'achat d'équipements auprès de magasins ou de fabricants qui expédient depuis l'étranger peut entraîner des frais d'expédition élevés.

Selon le fabricant ou le magasin, les ASIC sont également proposés sans alimentation électrique, qui doit alors être achetée séparément. Certains fabricants d'ASIC vendent les leurs, mais il est possible d'utiliser des alimentations pour serveurs ou ordinateurs de jeu, même si elles nécessiteront probablement des modifications spéciales.

Les ASIC doivent être connectés à l'Internet via un câble Ethernet et ne peuvent être configurés que via un navigateur Web, en se connectant à l'adresse IP locale, tout comme un routeur domestique.

Avant de commencer, vous devrez créer un compte auprès du pool minier de votre choix, qui vous fournira ensuite des informations détaillées sur la manière de vous connecter à ses serveurs. Dans le panneau Web de l'ASIC, vous devrez entrer les points de terminaison de connexion et les informations de compte pour le pool. Le mineur commence alors à travailler et à générer des bitcoins.

Il est fortement recommandé de miner par le biais d'un pool établi, car la mise en commun de votre matériel avec d'autres vous permettra d'obtenir des rendements constants. Même si votre appareil ne trouve pas toujours le bon hachage pour créer un bloc, votre contribution au minage sera tout de même récompensée.

Considérations et risques liés au minage de bitcoins

Outre le risque financier de ne pas faire de bénéfices, l'exploitation de dispositifs à haute performance comme les ASIC comporte des risques techniques.

Une ventilation adéquate est nécessaire pour éviter de brûler les composants de l'équipement minier en raison d'une surchauffe. Toute la consommation d'énergie est dissipée sous forme de chaleur dans le milieu environnant et un ASIC est probablement le dispositif le plus puissant de la maison ou du bureau.

Lorsque vous exploitez des bitcoins, vous devez tenir compte des limites de votre réseau électrique. Le réseau électrique de votre maison est dimensionné pour une puissance maximale et chaque prise a sa propre puissance. Le dépassement de ces limites peut facilement entraîner des pannes fréquentes ou des incendies électriques. Contactez un expert pour déterminer si votre système électrique est sûr pour l'exploitation minière.

Un entretien régulier contre la poussière et d'autres influences environnementales est également nécessaire pour garder les appareils en bonne santé. Bien que les défaillances soient relativement rares, sans une maintenance appropriée, les ASIC peuvent être mis hors service.

Les pièces individuelles de matériel peuvent tomber en panne, mais la plus grande menace pour leur viabilité est qu'elles deviennent obsolètes. Les mineurs les plus efficaces renouvellent régulièrement leur équipement.

L'exploitation minière présente un potentiel, mais aussi des risques. Nous espérons que ce guide vous a fourni un bon point de départ pour évaluer votre investissement éventuel.

Qu'est-ce que le Bitcoin Cash? Comment cela fonctionne-t-il?

Crypto-monnaies

Investir de manière intelligente

Bitcoin Cash (BCH) est un réseau de blockchain à preuve de travail et une crypto-monnaie plus rapide et moins chère que le bitcoin (BTC). Cet actif a été créé par un hard fork du réseau blockchain de Bitcoin et a depuis développé sa propre communauté. Bitcoin Cash, comme son prédécesseur, est accepté par certains commerçants, peut être acheté via PayPal et constitue un autre moyen de créer de la richesse.

Le BCH était censé résoudre de nombreux problèmes de longue date du bitcoin, mais une telle solution a provoqué un clivage au sein de la communauté des crypto-monnaies. Les deux peuvent coexister sans problème, mais beaucoup débattent pour savoir quelle sera la principale crypto-monnaie de l'avenir.

L'histoire de Bitcoin Cash

Le premier bloc Bitcoin, le bloc Genesis, a été officiellement miné le 3 janvier 2009. Depuis lors, cet atout a explosé dans la culture populaire. Le bitcoin, première crypto-monnaie au monde, souffre toujours de problèmes d'évolutivité et de longs délais de transaction. C'est pourquoi Bitcoin Cash entre en jeu.

L'idée de Bitcoin Cash est née en 2017 comme une solution aux problèmes de vitesse de transaction du bitcoin. Il s'agit d'un hard fork dans la blockchain Bitcoin, ce qui signifie que le réseau est "divisé" en deux parties dans un bloc donné, dans ce cas le bloc 478 558. Ce bloc contient une modification fondamentale du protocole qui invalide tous les blocs précédents. Les nœuds doivent donc passer à la nouvelle chaîne pour continuer à l'utiliser.

Il s'agit essentiellement d'une énorme mise à jour logicielle qui fait évoluer le réseau précédent dans une direction différente de celle du nouveau réseau. Dans ce cas, le réseau précédent est le bitcoin, tandis que le fork du bitcoin cash a forgé son propre avenir.

Le fork a été décidé par divers mineurs et développeurs au sein du réseau Bitcoin qui espéraient supprimer ses limitations. Après tout, beaucoup partent du principe que le bitcoin doit être utilisé pour des transactions numériques plutôt que comme une réserve de valeur. Comment le bitcoin peut-il séduire le grand public alors que ces transactions prennent des minutes, voire des heures ? Sans parler des frais de transaction élevés.

Cependant, ceux qui se sont opposés au hard fork l'ont fait pour de nombreuses raisons. Par exemple, Bitcoin Cash a des blocs plus grands, ce qui entraîne un processus de minage plus complexe qui pourrait ruiner les mineurs sans grande puissance de calcul. D'une certaine manière, cela peut rendre la plate-forme réservée à certains mineurs, ceux qui peuvent se permettre d'avoir plus de pouvoir, comme les entreprises.

Ensuite, il y a le processus de bifurcation. Ceux qui détenaient des bitcoins au moment du fork ont reçu le même montant de bitcoin cash.

L'avocat de BCH, Roger Ver, se défend de ce fait. Ayant été l'un des premiers investisseurs dans le bitcoin, Ver est un fan des crypto-monnaies. En 2011, sa société MemoryDealers.com a été l'un des premiers sites web à accepter le bitcoin comme moyen de paiement. Depuis, il organise des réunions et des conférences liées à cette technologie.

Ver a également investi des millions dans divers projets de cryptographie et est un grand partisan de Bitcoin Cash et de ses mises à jour de la technologie Bitcoin. Il affirme que Bitcoin Cash est „plus utilisable" que Bitcoin en raison de la taille plus importante des transactions. Ver est également appelé „Bitcoin Jesus" par de nombreux amateurs de crypto-monnaies.

Il est intéressant de noter que Bitcoin Cash a fini par avoir ses propres forks : Bitcoin Cash ABC (BCHA) et Bitcoin SV (BSV). Le premier est similaire au Bitcoin Cash original, il présente juste quelques différences. Il réinvestit

8 % de la récompense de chaque bloc dans l'innovation du réseau et agit comme une sorte d'allocation pour les développeurs de logiciels libres. Bitcoin Cash ne reçoit que des dons, il est donc plus orienté vers les développeurs.

Le Bitcoin SV, également connu sous le nom de Bitcoin Satoshi Vision, présente d'autres différences. L'appellation "Satoshi Vision" fait référence au livre blanc original du bitcoin, qui ne nécessitait pas de solutions hors chaîne de second niveau, telles que le réseau Lightning. L'objectif de Bitcoin SV est d'assurer la stabilité en fournissant des tailles de blocs encore plus grandes que celles de Bitcoin Cash et en proposant un saut significatif de 128 mégaoctets. Toutefois, il a finalement été décidé qu'il n'y aurait pas de limite. À ce stade, la communauté peut voir ce que le réseau télécharge et ce qu'il ne télécharge pas, et éventuellement voter sur un éventuel plafonnement de la taille des blocs.

Le scientifique australien Craig Wright est à la pointe de la lutte contre le BSV. De nombreuses personnes dans la communauté des crypto-monnaies ont remis en question sa valeur, mais le réseau Bitcoin Cash a néanmoins franchi plusieurs étapes importantes. Par exemple, elle a atteint plus de 9 000 transactions par seconde et aurait placé 16,4 millions de transactions dans un bloc du réseau d'ici début 2021.

Comment fonctionne le Bitcoin Cash?

D'un point de vue technique, Bitcoin Cash fonctionne comme Bitcoin. Le Bitcoin Cash et le Bitcoin ont tous deux un plafond dur de 21 millions d'actifs, utilisent des nœuds pour valider les transactions et utilisent un algorithme de consensus PoW. PoW signifie que les mineurs valident les transactions en utilisant la puissance de leur ordinateur et sont récompensés en BCH pour leurs contributions.

Cependant, le BCH fonctionne plus rapidement et a des frais de transaction moins élevés que son prédécesseur, tout cela grâce à sa taille de bloc plus importante. Il est beaucoup plus adapté aux petites transactions, comme l'achat d'une tasse de café.

Bitcoin Cash prend en charge les contrats intelligents et les applications telles que CashShuffle et CashFusion.

Les détenteurs de BCH utilisant certains portefeuilles peuvent profiter de CashShuffle, un protocole de combinaison de pièces qui regroupe les Bitcoin Cash avant une transaction. Par conséquent, vos transactions sont privées et beaucoup plus difficiles à retracer, étant donné que Bitcoin Cash est public.

Cependant, le regroupement de toutes les crypto-monnaies n'est pas toujours fiable. Pour commencer, les utilisateurs doivent faire confiance à un service tiers, ce qui est un peu ironique si l'on considère que les crypto-monnaies sont censées être autonomes. Le mélange peut coûter une commission, ce qui n'est pas idéal pour ceux qui font souvent des affaires. Plusieurs juridictions ont ciblé cette méthode, affirmant que les fonds qui aboutissent sur ces plate-formes sont généralement mis en commun dans le cadre d'activités illégales.

Au lieu de mélanger les transactions avec d'autres, CashFusion place votre BCH dans une grande transaction partagée avec d'autres utilisateurs. Ce BCH est renvoyé dans votre portefeuille, sauf que votre transaction a été mélangée à tant d'autres transactions que (dans l'idéal) personne ne peut remonter jusqu'à vous.

Il s'agit de deux utilisations prédominantes au sein de l'écosystème Bitcoin Cash, bien qu'elles ne soient que la partie émergée de l'iceberg. BCH a inspiré des dizaines de protocoles et d'autres projets visant à étendre la technologie et à la rendre plus accessible à tous.

Bitcoin vs Bitcoin Cash

Quelle est la différence entre Bitcoin et Bitcoin Cash ? Bitcoin Cash peut supporter 25 000 transactions par bloc, contre 1 000 à 1 500 pour Bitcoin. Cette augmentation de la taille des blocs, de 1 Mo à 8 Mo, a suffi à son succès. Cela a fait de BCH l'une des 20 premières crypto-monnaies et l'un des forks Bitcoin les plus populaires. Depuis lors, Bitcoin Cash est passé à une taille de bloc de 32 Mo.

Il est important de noter qu'au moment du fork, Bitcoin travaillait sur sa propre solution à ces problèmes. Segregated Witness, ou SegWit, était une mise à jour à venir au moment de la fondation de Bitcoin Cash, qui visait à déplacer les transactions vers des solutions hors chaîne dans l'espoir d'accélérer le traitement des transactions. Cette solution n'étant pas satisfaisante pour beaucoup, le hard fork de Bitcoin Cash a été créé.

Le BCH a commencé avec une valeur d'environ 240 dollars par pièce et a depuis connu une croissance significative. Son prix est loin d'avoir atteint les sommets du bitcoin, mais si l'on considère que le BCH est destiné à servir de moyen de paiement, ce manque de valeur globale peut jouer en sa faveur. Le prix élevé du bitcoin lui confère toutefois un rôle de réserve de valeur.

Il convient de noter que les blocs de plus grande taille et la validation plus rapide sont plus appropriés pour les entreprises. Un restaurant peut facilement gérer de petites transactions avec Bitcoin Cash. C'est également utile pour donner des pourboires aux YouTubeurs en ligne ou pour faire des dons. Ces petits cas permettent de comprendre pourquoi certaines personnes préfèrent le Bitcoin Cash à la première crypto-monnaie du monde, le Bitcoin.

Cela dit, Bitcoin Cash n'est pas parfait. Tout d'abord, le nom peut être mal compris ; c'est un facteur qui aurait probablement dû être pris en compte lors de la création. Pour les nouveaux utilisateurs, Bitcoin Cash peut sembler être un projet copiant Bitcoin. Cela peut être déroutant pour certains qui ne savent pas encore quelles sont les différences entre Bitcoin et Bitcoin Cash.

De plus, le BCH est beaucoup moins cher que le bitcoin et n'est pas aussi important en ce qui concerne sa domination globale sur le marché des crypto-monnaies, ce qui peut inciter moins à miner sur son réseau. L'actif ne dispose pas d'autant de paires d'échange que le bitcoin car ce dernier peut être utilisé par le biais d'échanges et comme paire d'échange pour des centaines, voire des milliers, de crypto-monnaies. Le BCH est davantage utilisé comme un substitut de l'argent liquide et, en tant que tel, il a un objectif différent.

On peut se demander si le prix du BCH dépend du bitcoin. Bien que les deux ne soient pas directement liés, le BCH suit généralement la tendance du bitcoin classique. Il y a plusieurs raisons à cela : de nombreuses personnes peuvent vouloir diversifier leurs portefeuilles à mesure que le marché se développe et, en tant que l'une des meilleures crypto-monnaies, Bitcoin Cash est l'un des meilleurs choix.

Portefeuilles Bitcoin Cash

Avant de pouvoir commencer à négocier ou à extraire du bitcoin cash, vous avez besoin d'un endroit où stocker vos crypto-monnaies.

Un portefeuille est constitué de deux très longues séries de chiffres et de lettres aléatoires. L'une d'entre elles est votre adresse de portefeuille publique, que les autres utilisateurs utilisent pour vous envoyer des BCH.

Une autre est votre clé privée, que vous pouvez utiliser pour accéder à vos fonds et effectuer des transactions. Veillez toujours à conserver votre clé privée en lieu sûr, car si vous en perdez l'accès ou si vous l'oubliez tout simplement, vous ne pourrez plus y accéder. Si quelqu'un met la main sur votre clé privée, tout l'argent de votre portefeuille sera volé.

Si vous êtes abonné à un logiciel qui prend en charge Bitcoin Cash, votre portefeuille vous sera fourni automatiquement. Toutefois, pour la sécurité de vos jetons, nous vous recommandons de les stocker dans un autre portefeuille, car les bourses offrant des services de portefeuille possèdent essentiellement vos clés privées et donc votre argent.

Il y a eu de nombreux cas où des échanges ont été piratés et où de l'argent a été perdu sans être remboursé. De nombreux comptes ont même été fermés et les fondateurs se sont enfuis avec l'argent des utilisateurs.

Pièces Bitcoin Cash gratuites (comment réclamer des pièces Bitcoin Cash)

Si vous étiez en possession de jetons Bitcoin avant le 1er août 2017, date à laquelle le Hard Fork de Bitcoin Cash a eu lieu, vous avez droit à la même quantité de jetons dans BTH. Les méthodes pour réclamer vos jetons Bitcoin Cash gratuits varient en fonction du type de portefeuille que vous utilisez.

En gros, si vous utilisez un portefeuille à nœuds complets qui vous oblige à télécharger la totalité de la blockchain, il vous suffit de la sauvegarder dans un fichier wallet.dat. Une fois cela fait, il suffit de l'importer dans un portefeuille Bitcoin Cash à nœud complet, tel que Bitcoin ABC, où vos jetons BCH seront disponibles sous peu.

Par mesure de sécurité, nous vous recommandons d'installer votre portefeuille Bitcoin Cash à nœud complet sur un autre ordinateur. En effet, certains portefeuilles de nœuds complets utilisent le même répertoire de données. L'installation d'un nouveau portefeuilles peut donc entraîner l'écrasement du précédent. Dans ce cas, vous risquez de perdre définitivement vos bitcoins et vos jetons de bitcoin cash.

Si vous préférez un portefeuille SPV (Simplified Payment Verification) plus léger qui ne nécessite pas de télécharger l'ensemble de la blockchain, le processus est un peu plus simple. La plupart de ces portefeuilles utilisent une phrase qui contient vos clés privées Bitcoin et donc aussi vos clés privées Bitcoin Cash. Ainsi, vous devriez pouvoir accéder à votre BCH en insérant simplement la clé dans un portefeuille dédié.

Vous trouverez ci-dessous une liste des portefeuilles qui sont vérifiés périodiquement :

- Elektrum (1, 2)
- Trezor (portefeuille matériel)
- Ledger (portefeuille matériel)
- Bitfinex (échange)
- Airbitz
- Exode
- Jaxx
- Kraken (bourse)
- Portefeuille ElectronCash

Portefeuille en papier

Un portefeuille papier est simplement une clé publique et une clé privée qui sont imprimées ensemble, généralement au format QR, pour accroître la facilité d'utilisation. Un portefeuille en papier est un type de "stockage à froid", qui est le moyen le plus sûr de stocker vos fonds cryptographiques car il n'y a littéralement aucun contact avec l'internet. Cela rend ce type de portefeuille totalement inattaquable. Une fois imprimé, vous pouvez en faire ce que vous voulez : le mettre dans un casier, le placer sous votre oreiller ou même l'enterrer dans votre jardin. De cette façon, votre argent attendra que vous décidiez de le dépenser.

Le moyen le plus simple de créer un portefeuille papier est d'enregistrer sur votre ordinateur le fichier Wallet.dat d'un portefeuille contenant vos clés privées, de l'imprimer, puis de supprimer l'original de votre ordinateur.

Vous pouvez également utiliser l'un des nombreux services en ligne qui peuvent le faire pour vous. WalletGenerator et BCCAdress sont les plus populaires de ces services. Il s'agit de générateurs de clés et d'adresses aléatoires open source qui utilisent principalement le moteur JavaScript du navigateur pour générer le portefeuille, ce qui signifie qu'aucune clé ne sera envoyée sur Internet.

Il existe un certain nombre d'autres services similaires qui permettent de créer un portefeuille Bitcoin Cash. Il y en a beaucoup qui vous proposent d'acheter des autocollants inviolables, notamment Mycelium, qui propose également un dispositif USB qu'il suffit de brancher sur une imprimante pour éviter complètement les ordinateurs.

Portefeuilles logiciels de Bitcoin Cash

Les portefeuilles logiciels sont installés sur votre ordinateur ou votre appareil mobile et, contrairement aux portefeuilles fournis par les bourses, la plupart de vos clés privées sont stockées hors ligne sur l'appareil sur lequel ils sont installés. Pour en créer un, il suffit de télécharger un client sur votre appareil et de suivre les instructions. De nombreux clients de portefeuilles logiciels prennent en charge plusieurs crypto-monnaies et vous permettent de créer plusieurs portefeuilles. Des prestataires comme Exodus et Jaxx ont intégré ShapeShift, qui permet d'échanger instantanément plusieurs grandes crypto-monnaies.

Portefeuilles matériels de Bitcoin Cash

Dans le monde des crypto-monnaies, les portefeuilles matériels sont tout aussi sûrs que les portefeuilles papier. Ils ressemblent beaucoup aux disques durs portables traditionnels, mais sont spécifiquement conçus pour stocker les crypto-monnaies. Ils génèrent des transactions hors ligne et en déplacement, ce qui signifie que vous pouvez les connecter à n'importe quel ordinateur afin d'effectuer une transaction.

Tout comme les portefeuilles en papier, les portefeuilles matériels sont à l'abri des cyber-attaques et du piratage, car ils ne sont pas connectés à l'internet. Les portefeuilles matériels modernes sont dotés d'options de sauvegarde et peuvent être protégés par une authentification à deux facteurs ou un mot de passe PIN. Aujourd'hui, tous les portefeuilles matériels courants sont également équipés d'un écran, de sorte que les transactions peuvent être signées directement sur l'appareil.

Ce sont les seuls portefeuilles payants qui existent. Ils valent bien leur prix, surtout si vous avez une quantité considérable de Bitcoin Cash. Après tout, étant donné qu'il s'agit d'appareils spécialement conçus, ils peuvent parfois être difficiles à trouver.

Le bitcoin peut-il devenir un investissement pour un revenu passif?

Crypto-monnaies

Investir de manière intelligente

Les hauts et les bas vertigineux de la première crypto-monnaie mondiale ont fait la une des journaux en 2021, qui a sans doute été l'une des années les plus passionnantes pour les crypto-monnaies à ce jour. Le bitcoin a atteint de nouveaux sommets en avril 2021, dépassant pour la première fois les 61 000 dollars, avant de s'effondrer à 33 000 dollars un peu plus d'un mois plus tard. Le prix a apparemment été influencé par les caprices d'Elon Musk.

Tout cela a servi à souligner la volatilité inhérente des crypto-actifs, ce qui a peut-être été le mieux démontré par l'effondrement soudain et plutôt peu spectaculaire du marché des NTF. Malgré ces manchettes négatives, il pourrait y avoir un changement fondamental dans l'espace crypto, ce qui pourrait soutenir la rentabilité à long terme. Cela pourrait marquer le passage du bitcoin comme actif fixe au bitcoin comme source passive de revenus.

Comment Bitcoin génère des revenus passifs

Même parmi les amateurs de crypto-monnaies les mieux informés, peu de gens savent comment générer des revenus passifs. La plupart des gens supposent simplement que toutes les façons de gagner de l'argent avec le bitcoin proviennent des fluctuations de son prix par rapport au dollar. Ce n'est pas tout à fait vrai.

Un changement discret a été la montée en puissance des monnaies stables comme Dai.com, qui se rattachent à une monnaie comme le dollar américain et rapportent ensuite des intérêts comme un compte bancaire normal. Un stablecoin équitable a été décrit par Entrepreneur.com comme l'élément manquant des crypto-monnaies.

Parallèlement, certaines plate-formes proposent des intérêts en bitcoins afin d'inciter les utilisateurs de crypto-monnaies à conserver leurs pièces chez elles. Tout cela peut contribuer à faire passer les crypto-monnaies comme le bitcoin du statut d'actif spéculatif à celui d'investissement à faible risque et à long terme.

Les nouvelles plate-formes offrent de nouvelles possibilités

Pour ceux qui veulent éviter les faibles rendements des pièces stables et gagner des intérêts sur des pièces établies comme le bitcoin, de nouvelles plate-formes existent à cet effet. L'émergence de ce que l'on appelle les „comptes d'épargne en crypto-monnaies" offre des taux d'intérêt à tous les clients qui conservent leurs pièces sur ce compte.

Comme l'expliquent les experts de BuyBitcoinWorldwide.com, les grands fournisseurs de comptes d'épargne tels que BlockFi et Ledn peuvent offrir des taux d'intérêt annuels allant jusqu'à 12,5 % - des taux d'intérêt nettement supérieurs à ceux que toute banque conventionnelle pourrait offrir pour vos dépôts en espèces. Les intérêts peuvent être payés en dollars ou en crypto-monnaies, ce qui permet à quiconque de générer des revenus passifs à partir de ses pièces.

Les investisseurs institutionnels se lancent

Il est clair que les comptes Bitcoin basés sur les intérêts sont de plus en plus populaires, mais à quoi pensent les grands pontes de la finance ? Apparemment, ils le soutiennent. Selon HBR.org, de grands investisseurs institutionnels tels que Goldman Sachs, Citibank et JP Morgan entrent désormais sur le marché des crypto-monnaies à revenu passif pour compenser l'impact des taux d'intérêt historiquement bas de la Fed.

Dans le même temps, le géant des paiements Visa s'est associé à la banque numérique Anchorage pour offrir des services commerciaux de crypto-monnaie qui pourraient inclure des comptes crypto à taux d'intérêt annuel dans un avenir proche. Il semble que les plus grands investisseurs financiers du monde misent sur les revenus d'intérêts des crypto-monnaies.

Les crypto-monnaies vont-elles se généraliser ? Bien que cela reste à voir, les signes sont actuellement plus positifs que jamais.

Ce qu'il faut savoir avant d'investir

Crypto-monnaies

Investir de manière intelligente

Le prix du bitcoin est souvent volatile, ce qui le rend populaire auprès des investisseurs à haut risque qui recherchent un rendement élevé.

Le bitcoin n'est pas un actif traditionnel et ses valeurs fondamentales ne sont pas mesurées en termes traditionnels.

Les bitcoins peuvent être échangés directement entre deux parties ou sur des bourses indépendantes. Ces dernières années, de plus en plus de courtiers ont facilité la négociation pour les investisseurs.

Le bitcoin est un investissement très volatil, presque entièrement spéculatif. Les fluctuations sauvages des prix sont à l'ordre du jour. Par exemple, lors du premier week-end de 2021, le bitcoin a augmenté de 20 %. Le dimanche suivant, il a chuté de 20 %.

Le bitcoin est une monnaie numérique qui échappe au contrôle des gouvernements et des banques. Le commerce est rapide et bon marché. La volatilité de son prix en a fait le favori des preneurs de risques, qui recherchent des gains importants.

Définir le bitcoin peut être compliqué. Pour certains, il s'agit d'une marchandise, tandis que pour d'autres, il s'agit d'une monnaie numérique.

Cependant, la définition la plus concrète du bitcoin est la suivante : il s'agit d'un logiciel, d'un programme qui permet aux gens d'échanger directement des valeurs. Il a été créé par une personne se faisant appeler Satoshi Nakamoto, présenté en 2008 et lancé l'année suivante.

Ce qui rend Bitcoin unique est que ce logiciel fonctionne sur un réseau d'ordinateurs connectés mais indépendants. De cette manière, aucune des parties n'a le contrôle du réseau. Aucune banque centrale ou gouvernement ne peut dicter la valeur de la monnaie.

Chaque transaction en bitcoin est enregistrée dans un registre visible par tous, appelé "blockchain". La technologie du bitcoin est reconnue pour sa capacité à empêcher la contrefaçon et le piratage. La base de données de la monnaie n'a pas été piratée une seule fois depuis sa mise en circulation en janvier 2009.

Le "bitcoin" n'étant rien de plus que des chiffres dans un programme informatique, il n'a absolument aucune valeur intrinsèque. Ce qui détermine le prix, c'est uniquement ce qu'une autre personne est prête à payer pour ce produit.

Le bitcoin est-il un bon investissement ?

Le bitcoin est presque un investissement spéculatif. Il y a un certain nombre de considérations à prendre en compte pour décider de l'exploiter. Le plus important d'entre eux est de savoir quels sont vos objectifs financiers.

La chose la plus importante à garder à l'esprit est l'histoire extrêmement courte du bitcoin.

Depuis sa création en 2009, ses partisans l'ont présenté comme une couverture contre l'inflation, comme une nouvelle version de l'or. Néanmoins, elle n'a pas d'histoire en tant que telle, et il n'est pas certain qu'elle serait efficace en tant que telle si elle était exploitée comme une classe d'actifs plus large comme l'or.

Ce que le bitcoin a en abondance, c'est la volatilité. Pour un certain type d'investisseurs, c'est très attrayant. Le bitcoin a été un investissement réussi précisément en raison de l'évolution de son prix. En janvier 2009, il ne valait rien ; 12 ans plus tard, en février 2021, il a franchi pour la première fois la barre des 50 000 dollars.

Cependant, il peut évoluer violemment et, contrairement aux marchés traditionnels, il n'y a pas de disjoncteurs ou de cloches de fin pour arrêter les transactions. Il a augmenté de 350 % en 2020, mais a chuté de 64 % en février et mars. La baisse a été provoquée par l'effondrement économique dû à la pandémie de coronavirus, mais la liquidation a été deux fois plus importante que le krach boursier. Sa valeur peut changer tous les jours et plusieurs fois dans la journée.

Pourquoi un investissement dans le bitcoin n'est-il pas comme un investissement dans les monnaies classiques ?

Nakamoto l'a conçu comme une forme d'argent, mais il a disparu en 2010 et on n'en a plus entendu parler depuis.

Les prix des monnaies traditionnelles sont le résultat d'un marché ouvert et de la volonté des gouvernements qui émettent ces monnaies. La valeur du bitcoin, en revanche, découle uniquement de la volonté des investisseurs de payer. Il s'agit d'un marché dirigé par l'humeur et il n'y a pas de limite à la hausse ou à la baisse qu'il peut atteindre.

Ce qu'il faut savoir avant d'investir

Il existe un certain nombre de bourses crédibles et bien réglementées, comme Coinbase aux États-Unis, BitFlyer au Japon et Kraken en Europe, où les investisseurs peuvent acheter des bitcoins. La création d'un compte est simple, mais vous devrez vous identifier.

Des services encore plus traditionnels rendent possible le trading de bitcoins. L'application Cash de Square Inc., Robinhood et PayPal permettent désormais aux utilisateurs d'acheter ou de vendre des bitcoins directement à partir de leurs comptes.

Si vous souhaitez conserver un certain niveau d'anonymat, une caractéristique intéressante, bien que controversée, du bitcoin est qu'il existe également des échanges non réglementés. En outre, vous pouvez télécharger directement le logiciel d'exploitation. Vous pouvez également télécharger des logiciels et du matériel gratuits et disponibles dans le commerce pour créer un portefeuille numérique et stocker directement vos bitcoins. Attention : ces moyens nécessitent une certaine technicité. Vous pourriez alors vous rendre sur une plate-forme telle que Local Bitcoins qui regroupe directement les acheteurs et leurs expériences.

Conclusion

Crypto-monnaies

Investir de manière intelligente

Le marché des crypto-monnaies a désormais atteint une valorisation de plus de 350 milliards de dollars. Il s'agit d'un exploit remarquable étant donné que le secteur est désormais plus important que McDonald's et Pepsi. Alors que ce phénomène était laissé de côté par les médias il y a quelques années, il est aujourd'hui impossible de nier qu'une véritable révolution est en cours.

Si vous n'avez jamais entendu parler du terme „crypto-monnaie", vous vous demandez peut-être de quoi il s'agit. Une définition commune est que la crypto-monnaie est une monnaie qui fonctionne grâce à un système décentralisé (la blockchain), est largement anonyme et n'est pas protégée par des monnaies physiques.

Il est facile de comprendre pourquoi tant d'attention a été accordée à ce domaine, surtout depuis que le bitcoin a dépassé les 10 000 dollars en novembre. Cependant, le grand public ignore souvent qu'il y a plus de 1 300 crypto-monnaies en circulation et que la plupart d'entre elles disparaîtront dans les mois à venir. Il existe un certain scepticisme à l'égard des crypto-monnaies, qui les considère soit comme la meilleure chose au monde, soit comme le mal absolu.

En réalité, comme c'est souvent le cas, la vérité se situe quelque part entre les deux.

Il est vrai qu'il existe des projets basés sur la blokchain qui sont des escroqueries, mais cela ne veut pas dire qu'il faut sous-estimer la valeur des crypto-monnaies comme le Bitcoin, l'Ethereum, le Litecoin et le Neo, pour n'en citer que quelques-unes.

Avec un style impeccable et des connaissances approfondies, nous avons réussi à trouver une approche simple mais efficace pour faire découvrir le monde de la blockchain et des crypto-monnaies. Ce livre contient des considérations bien documentées et adaptées aux débutants sur les aspects les plus importants des crypto-monnaies.

En lisant ce livre, vous aurez non seulement une meilleure compréhension du monde des crypto-monnaies en général, mais vous aurez également accès à des informations puissantes qui permettent une éducation à 360°.

Nous croyons fermement à ce nouveau système financier et nous avons voulu fournir une éducation complète avec ce guide.

Le bitcoin et les autres crypto-monnaies ne conviennent pas à tout le monde. Pour être ami avec eux, vous devez d'abord apprendre à les connaître et à les comprendre en profondeur.

Avec ce livre, nous avons fait ensemble toutes les démarches nécessaires pour comprendre le monde des crypto-monnaies et comment devenir autonome et rentable. Il s'agit d'un guide simple et complet. En gros, un allié qui vous parle de manière simple et vous éclaire sur le chemin.

Attendez-vous au succès.

Vous ne savez peut-être pas par où commencer, ou vous êtes peut-être déjà en train de négocier mais vous perdez de l'argent. Toutes les stratégies décrites ici sont le résultat de recherches approfondies et d'expériences personnelles, grâce auxquelles vous pourrez éviter les erreurs que presque tout le monde commet.

RETROUVEZ D'AUTRES LIVRES ICI

CRYPTO-MONNAIES

INVESTIR DE MANIÈRE INTELLIGENTE

SCAN ME

Les habitudes des millionnaires

SCAN ME

Le Principe de Pareto

Merci pour votre soutien

Espace pour les notes personelles

Exclusions de responsabilité

Crypto-monnaies

Investir de manière intelligente

La mise en œuvre de toutes les informations, instructions et conseils contenus dans ce livre électronique est à vos propres risques. Pour les dommages de toute nature, l'auteur n'assume aucune responsabilité légale. L'auteur exclut toute les réclamations de responsabilité contre lui pour les dommages matériels ou immatériels causés par l'utilisation ou la non-utilisation des informations ou l'utilisation d'informations incorrectes et/ou incomplètes. Par conséquent, toute réclamation légale et d'indemnisation ne sera pas acceptée. Ce travail a été créé et écrit avec le plus grand soin, grâce aux connaissances et des convictions disponibles au moment de l'écriture. Pour l'actualité, l'exhaustivité et la qualité de l'information, l'auteur n'assume aucune responsabilité. En outre, les erreurs d'impression et la désinformation ne peuvent pas être complètement exclues. Pour des informations incorrectes écrites par l'auteur, aucune responsabilité légale sous quelque forme que ce soit ne sera acceptée.

Droits d'auteur

Crypto-monnaies

Investir de manière intelligente

Notes légales

Crypto-monnaies

Investir de manière intelligente

Code ISBN: 9798750990719

1ère édition

Contact :

La Mancusa Daniele

Vorstadtstr. 52

73614 Schorndorf